미술관 옆 미용실

Volume was protest Style was power

들어가며

나는 매일매일 치열하게 살아가는 여성들의 노력을 알고 있습니다.
눈에 띄지 않아도, 환호 받지 않아도
누구보다 성실하게 일상을 살아내며
세상의 기준 속에서 나 자신을 잃지 않으려
묵묵히 애쓰는 그 여정이 얼마나 깊은지, 존경의 마음으로 바라봅니다.

이 책은 그런 여성들의 삶에 함께해 온
그리고 때로는 힘이 되어주었던 '헤어스타일'에 대한 작은 기록입니다.

머리는 단순한 '꾸밈'이 아닙니다.
기분이 가라앉은 날, 거울 앞에서 드라이어를 쥐는 순간
조금씩 생기가 돌아오고,
미용실에서 머리를 하고 나올 때
그 상쾌함과 주변의 따뜻한 시선은
겉모습을 넘어 내면까지 위로합니다.

그 변화의 중심에는 미용사와 고객이 함께 만든 '이야기'가 있습니다.
머리를 자르는 일은 기술 그 이상입니다.
사람을 이해하고, 삶의 결을 읽고, 취향을 존중하며
함께 만들어가는 '사람 중심의 예술'입니다.
머리카락의 결은 그 사람을 말하고
어깨선과 두상은 삶의 방식을 보여줍니다.
유행이 넘쳐나는 시대 속에서
진짜 아름다움은 결국 '나에게 맞는 것'을 찾아가는 과정에서 비롯된다고 믿습니다.

나는 이 책을 통해 독자와 함께 여정을 나누고 싶습니다.
시간에 따라 변해온 스타일들, 예술작품 속 머리 모양에 담긴 시대 감성
그리고 무엇보다 머리카락 너머에 존재하는 '여성'이라는 삶의 주인공들.

단정한 단발머리 한 가닥에도
시대의 공기와 개인의 감정이 함께 엮여 있습니다.
수많은 선택과 망설임, 설렘과 회복이 담겨 있지요.

이 책이, 여러분이 '나만의 아름다움'을 찾는 여정에서 작은 영감이 되기를 바랍니다.
그리고 언젠가 여러분의 머리 위에 놓인 스타일이
세상의 기준이 아니라 '나답게 살아가는 힘'이 되기를 바랍니다.

여성의 삶은 곧 하나의 예술입니다.
그 예술을 빛나게 만드는 가장 가까운 동반자—그것이 바로 머리입니다.

2025년 12월

소공동에서 **유성희**

차례

팝아트
미니멀리즘

1960 84

부팡
사순 커트

개념미술
여성주의 미술
퍼포먼스 아트
비디오 아트
사이키델릭 아트

1970 96

페더드 커트
섀기 커트

포스트모더니즘

1980 110

빅 헤어 스타일

포스트모더니즘
미니멀리즘
설치미술
영상매체
퍼포먼스
여성주의 미술

1990 122

레이어드 커트
스트레이트

디지털 아트
미디어 아트

2000 134

슬릭 스트레이트
내추럴 웨이브

인터렉티브 아트

2010 146

롱 레이어드
웨이브
옴브레

NFT 아트
AI 아트

2020 158

다양한 스타일

1900

1909

Art Nouveau

1900년대 (1901-1909)

제국주의 시대, 도시는 예술이 되다

20세기 초, 유럽은 제국주의 확장과 함께 과학과 산업, 예술이 융합된 '벨에포크 *Belle Époque*'의 낙관적 분위기에 휩싸여 있었다. 에펠탑, 지하철, 전등 같은 기술은 도시를 빛냈고, 만국박람회는 미래에 대한 꿈을 확산시켰다.

이 시대 여성은 여전히 아내이자 어머니로 한정된 역할을 기대받았지만, 동시에 참정권 운동과 교육 확대, 공공장소에서의 문화 소비를 통해 자기표현의 시대를 열어가기 시작했다. 패션과 헤어스타일에 많은 신경을 쓰며 미용 제품에 돈을 지불하기 시작했다.

패션과 외모에 대한 관심은 도시 여성의 정체성이 되었다. 긴 머리를 우아하게 틀어 올리고 앞머리를 곡선으로 흐르게 만든 묶음머리 스타일이 유행했다. 자연스러운 웨이브와 부드러운 라인은 단정하고 정적인 아름다움을 표현했다. 머릿결은 단순한 꾸밈이 아니라 고요한 곡선 안에 깃든 자존감이었다. 여성은 여전히 집 안에 있었지만, 거울 앞에서는 시대를 맞이하고 있었다.

The elegance of curves, the rise of the modern

미술과 예술양식

아르누보, 꽃처럼 피어난 곡선의 미학

1900년대 유럽은 일상에 예술이 스며든 시대였다. 미술은 더 이상 상류층의 전유물이 아닌 거리의 간판, 포스터, 건축, 장식물로 이어지는 삶의 감각이 되었다. 그 중심에 아르누보 *Art Nouveau*가 있었다.

아르누보는 식물의 덩굴, 물결, 여인의 실루엣 같은 생명력을 느끼게 하는 곡선을 예술의 언어로 삼았다. 자연에서 온 곡선미와 감각적 장식성은 회화뿐 아니라 건축, 가구, 보석, 화장품 용기, 패션까지 폭넓게 확산되었다. 이 스타일은 '아름다움은 일상 속에서 피어난다'는 사상과 함께 예술과 일상의 경계를 허물었다.

특히 아르누보는 여성 이미지에도 영향을 미쳤다. 화가의 그림 속 여성은 풍성한 머릿결과 꽃무늬 곡선 속에 신비롭고 관능적인 존재로 묘사되었으며, 이는 당시 여성의 헤어스타일에도 반영되었다. 머리카락은 유려하게 흐르거나 예술적으로 틀어 올려졌고, 장식핀과 리본이 정교하게 배치되었다. 이 시대의 미는 단지 '보이는 아름다움'을 넘어, 삶을 예술로 완성하려는 태도였다. 여성의 머리카락은 그 시작점이었다.

구스타브 클림트 *Gustav Klimt* **「아델 블로흐-바우어의 초상** *Portrait of Adele Bloch-Bauer I*」(1907)

구스타브 클림트는 1907년, 오스트리아 상류층 여성 아델 블로흐-바우어를 모델로 황금빛 장식과 관능적 기운이 가득한 초상을 그렸다. 그녀의 머리는 퐁파두르 스타일의 곡선을 살린 올림머리로 단아한 우아함과 고전적 미를 동시에 품었다. 아델 블로흐-바우어의 단정하고 절제된 헤어스타일은 당시 상류층 여성의 품위와 권위를 반영했다. 클림트는 그녀를 관능적으로 이상화하면서도 머리 모양만큼은 고전적이고 정숙하게 표현해 아름다움의 균형을 이루었다.

<Portrait of Adele Bloch-Bauer I>1907, Oil and gold leaf on canvas, 140cm×140cm, Neue Galerie, New York

시대의 상징: 부팡과 퐁파두르 스타일

벨에포크 시대의 상징적인 헤어스타일은 부팡 *bouffant*과 퐁파두르 *pompadour* 스타일이다. 이 스타일은 앞머리를 높게 올려 곡선의 볼륨감을 강조해 여성의 얼굴을 돋보이게 하고 우아한 인상을 주었다. 아르누보의 유려한 선과 곡면의 영향을 받아 머리카락 자체가 곡선의 미를 담은 예술적 장치가 되었다. 여성스러움과 우아함을 강조하며 상류층의 세련된 이미지를 만들었다.

<Portrait of Adele Bloch-Bauer I, recreated through AI> 2025, Image-generating AI

Where elegance curls like ivy –
every strand tells a story of grace

A
B
C

A

알렉산드라 프린지 *Alexandra fringe*

이 스타일은 왕비 알렉산드라의 풍성하고 곱슬거리는 앞머리에서 유래되었다. 1870년대 그가 유행시킨 헤어스타일로 1900년대에도 많은 사람이 즐겼다. 짧은 앞머리(프린지)와 촘촘한 컬이 조화를 이루는데, 이는 그의 하녀가 뜨거운 고데기를 잘못 다루어 앞머리 일부가 타버린 사건에서 비롯되었다. 손상된 머리를 숨기기보다 균등하게 잘라 연출하라고 지시했고, 이는 단정하면서 세련된 인상을 주었다. 알렉산드라는 빅토리아 시대 후기와 에드워드 시대에 걸쳐 헤어스타일과 패션에 큰 영향을 미쳤다.

B

부팡 *bouffant*, 퐁파두르 *pompadour*, 코티지 로프 *cottage loaf*

앞머리를 높게 올려 볼륨감과 우아함을 강조한 스타일로 곡선미와 예술성을 반영하며 여성의 품위와 미적 감각을 표현했다. 18세기의 부팡은 퐁파두르보다 낮고 둥근 형태로 볼륨을 유지하되 실용성을 강조했다. 이 두 스타일이 합쳐져 코티지 로프 *cottage loaf* 스타일이 탄생했다. 퐁파두르는 프랑스 마담 퐁파두르 *Madame de Pompadour*의 이름에서 유래했지만 실제 그의 머리 스타일과는 달랐다.

C

번 *bun*

번은 머리기락을 뒤로 단겨서 꼬거나 땋은 후 원형으로 말아 올려 고정한 헤어스타일이다. 전 세계적으로 오랜 역사와 전통을 지닌 스타일로 고대 그리스와 로마에서는 시위와 우아함을 상징했고, 고대 중국과 인도 등 아시아에서는 사회적 계급과 혼인 여부를 나타냈다. 1900년대에는 비싼 고데기로 웨이브를 만들기 어려운 하층민들이 긴 머리를 볼륨 없이 깔끔하게 정리해, 활동성을 높이며 담백한 아름다움을 드러냈다.

A

B

C

사회적 지위를 드러내는 살아 있는 예술 작품

왕실과 상류층 여성을 대표하는 헤어스타일은 풍성한 볼륨이 특징인 '퐁파두르 *pompadour*'였다. 머리를 크게 부풀려 깃털과 리본 등으로 화려하게 장식한 이 스타일은, 당시 유행하던 거대한 모자를 지탱하는 데 필수적이었다. 아르누보의 유려한 곡선미를 반영한 퐁파두르는 완성에 많은 시간과 노력이 필요해 상류층의 우아함과 특권을 상징하는 표식이 되었다.

A 에드워드 시대의 상류층 여성은 머리 모양을 통해 사회적 지위와 품격을 드러냈다.

B 머리를 손질하는 데 많은 시간이 들고, 하녀나 미용사의 도움을 받아야 했기 때문에 상류층만이 누릴 수 있는 사치이기도 했다.

C 헤어 랫 *hair rat*은 머리 안에 넣는 패드로 볼륨을 극대화하는 데 사용되었다. 풍성한 스타일을 만들기 위해 자신의 빗에시 나온 머리카락을 모아놓는 보관 용기도 있었다.

D 상류층 여성에게 모자는 필수적인 패션 아이템이었기 때문에 헤어스타일은 모자와의 조화를 고려해 디자인되었다. 이러한 스타일은 단순한 미적 표현을 넘어 부와 여유를 상징했다.

A

B

C

D

기능성과 미의 절충

많은 중산층 여성은 교사, 타이피스트, 간호사 등 직업을 가지고 '품위 있는 단정함'을 추구했다. 헤어스타일은 간소하지만 유행을 반영해, 깔끔하게 빗어 올린 업스타일이나 적당히 부풀린 스타일이 선호되었다. 그들은 헤어스타일을 스스로 만들었다. 기능성과 아름다움을 추구하며 자신을 가꾸는 것이 교양의 표현이었다.

A 19세기 말 미국 일러스트레이터 찰스 다나 깁슨 *Charles Dana Gibson*이 만든 지성과 독립성, 우아함을 갖춘 미국 여성상 '깁슨 걸 *Gibson Girl*'의 대표 헤어스타일이다.

B 깁슨 걸은 부팡과 퐁파두르 스타일로 세련된 여성상을 표현했으며, 제1차 세계대전까지 인기를 유지하였다.

C 롱 링그렛 *long ringlets*은 코르크스크루 컬로 연출된 고전적 헤어스타일로, 화려한 모자와 레이스 드레스와 어우러져 로맨틱하고 고상한 미적 감각을 표현한다.

D 웨이브는 긴 머리 업스타일의 필수 요소였다.

A

B

C

D

실용과 위생

실제 노동에 종사하는 여성은 실용성과 위생이 우선이었다. 머리는 단단히 묶거나 두건으로 덮는 스타일이 일반적이었고 장식은 거의 없었다. 굳이 꾸민다면 간단히 땋거나 핀으로 고정하는 정도였다. 하지만 그 속에서도 '여성다움'을 잃지 않으려는 작은 노력이 있었다. 일상에서 잠시라도 머리를 다듬는 순간은 자존감의 실천이었다.

A 긴 머리를 단정한 번 형태로 정리했다. 노동에 방해되지 않게 정리해 실용성과 절제미를 보여 주었다.

B 무대에서 공연하는 여성은 머리를 과감히 잘라 단발머리를 하기도 했다.

C 위생과 햇빛 차단, 사회적 예절을 위해 보닛 *bonnet*이나 스카프를 쓰는 경우가 많았고, 특히 농촌 여성은 머리를 감싸는 헤드랩, 스카프를 많이 착용했다

D 긴 머리를 땋아 단정히 정리해 일하기 편했다.

Not all women experienced the Belle Époque

벨에포크 시기, 무희는 카바레, 바리에떼 극장, 댄스홀에서 대중의 시선을 받으며 밤을 살아갔다. 그들은 무대 위에서 자유롭고 관능적인 몸짓으로 시대의 억눌린 욕망을 해방시켰지만, 현실은 불안정하고 위험한 생계 노동이었다. 무대가 유일한 생존 수단이었다.

상류층 여성은 살롱, 오페라, 카바레 등을 오가며 문화적 세련됨을 갖춘 존재로 스스로를 연출했다. 외출복은 디테일이 정교했고 머리카락은 정성껏 빗어 올려 사회적 지위와 취향을 드러냈다.

1910

1919

War and Reinvention

1910년대 (1910-1919)

제1차 세계대전 발발하다

제1차 세계대전(1914~1918)이 일어났다. 문화적, 예술적 창조성이 폭발한 벨에포크 *Belle Époque* 시대는 종말을 맞이했다. 유럽을 넘어 전 세계가 전쟁터가 되면서 사회 분위기는 급격히 어두워졌다.

전쟁은 여성을 거리로, 공장으로 불러냈다. 간호사, 군수공장 여성들은 스카프나 모자 속에 머리카락을 단정히 말아 넣었다. 여성의 삶과 외모의 개념이 근본적으로 바뀌었다. 아름다움은 여전히 존재했지만 이제 그것은 생존과 책임의 얼굴을 하고 있었다. 실용성과 절제의 미학이 이 시기를 지배했다. 여성의 삶이 점차 공적 영역으로 확장되며 화려한 장식 대신 기능성과 간결함이 부각되었다. 예술 또한 아르데코 초기 양식과 전쟁 포스터의 선전적 미학, 기하학적 형태의 응축된 장식성 등으로 요약된다.

여성의 헤어스타일은 실용적이고 관리하기 쉬운 단순한 모양으로 변화하였다. 긴 머리를 목덜미 뒤쪽에 낮게, 볼륨감 없이, 자연스럽게 묶어 올렸다. 일상생활 및 활동에 적합한 짧은 머리가 대안으로 떠올랐다.

Beauty rebuilt through the geometry carved from the scars of war

미술과 예술양식

곡선에서 대칭으로, 아르누보에서 아르데코로

이 시기 미술은 전쟁의 상흔 속에서 현실을 재구성하는 시도로 나아갔다. 아르누보의 유려한 곡선에서 점차 대칭성과 기하학적 형태를 강조하는 초기 아르데코 *Art Deco*의 전조가 나타났다. 전쟁 포스터는 선명한 이미지와 강렬한 메시지로 대중의 감성을 자극했다. 장식 예술에서는 직조, 자수 등 섬세한 수공예가 발달해 전통과 혁신이 어우러진 형태를 표현했다.

피카소의 입체주의, 몬드리안의 추상적 구상주의 등이 흐름을 이끌며, '아름다움의 기능적 재편'이 예술의 과제가 되었다. 예술은 화려함보다 질서, 균형, 구조의 미학으로 나아갔고, 이는 전쟁 이후 재건을 향한 인간의 심리적 욕구와도 맞닿아 있었다. 곡선에서 직선으로의 전환은 여성의 헤어스타일에도 반영되어, 장식 대신 실용과 균형이 미의 기준이 되었다.

파블로 피카소 *Pablo Picasso* **「안락의자에 앉은 올가의 초상** *Portrait of Olga in an Armchair*」(1918)

피카소가 1917년 연인 올가를 그리기 시작해 1918년 완성한 이 작품은 입체주의를 지나 다시 고전주의로 회귀하던 시기의 흔적을 보여준다. 단정하게 빗어 넘긴 올가의 머리는 당시 전쟁 후유증 속에서 등장한 절제된 여성상을 상징한다. 피카소는 그녀의 모습에서 고요함과 구조적 안정감을 표현했으며, 이는 시대가 요구한 실용성과 품위의 미학을 반영한다.

<Portrait of Olga in an Armchair>1918, Oil on canvas, 130cm×88.8cm, Musée national Picasso–Paris, France

시대의 상징: 낮은 번 스타일

생머리 또는 자연스러운 웨이브 머리를 뒤로 깔끔하게 넘겨 목 뒤쪽에서 하나로 묶거나 말아 올렸다. 전후 여성들 사이에서 널리 유행했으며 발레리나의 단아한 이미지와 올드 할리우드 스타의 고전적인 매력을 함께 담고 있다. 번 스타일은 다양한 문화와 유행 속에서 형태와 분위기를 달리하며 끊임없이 변화해 왔고, 현대에도 여전히 세련된 감각과 실용성을 갖춘 스타일로 사랑받고 있다. 그 적응력과 지속적인 매력은 클래식의 진수를 보여준다.

<Portrait of Olga in an Armchair, recreated through AI> 2025, Image-generating AI

Even in war, her hair remembers dignity

A
B
C
D

절제의 선, 변화의 곡선

긴 머리칼을 자를 때마다 그는 한 걸음씩 미래로 나아갔다. 묶어 올린 머리가 귀 밑으로 다시 턱선 아래로 내려오며 세상은 조금씩 달라졌다. 장식 없는 곡선, 간결한 실루엣. 그의 머리는 말없이 말했다, 이건 유행이 아니라 변화였다고.

A 장식 없이 머리카락 자체의 질감과 흐름으로 아름다움을 표현하며, 전 시대의 풍성한 스타일에서 서서히 덜 구조적이고, 느슨한 웨이브의 업스타일로 진화되었다.

B 모자의 크기가 작아지면서 머리의 볼륨도 줄어들었다.

C 긴 머리를 틀어 올린 번의 위치가 목덜미로 내려왔다.

D 볼륨감은 여전히 중요했지만, 덜 경직되고 편안했다.

E 고대 그리스 조각을 떠올리게 하는 헐렁한 튜닉, 무대를 가볍게 디디는 맨발, 목덜미에 느슨하게 틀어 올려 묶은 머리까지— 이사도라 덩컨의 모습은 여성의 자유와 해방을 상징했다. 그는 발레의 엄격한 틀을 거부하고 몸의 자유로운 움직임을 통해 현대무용의 새 지평을 열었다.

A

B

붕대를 감고 세계를 지탱하다

전쟁의 굉음 속에서 그는 머리를 단단히 동여맨 채 일어섰다. 붕대보다 단단한 책임감, 희망보다 선명한 실용의 미학이 그의 머리에 스며들었다. 두건과 모자 속에 숨겨졌던 단정함은 침묵 속에서 세계를 지탱한 이름 없는 아름다움이었다.

- **A** 보브 커트가 등장했다. 뒷머리를 짧고 직선적으로 내리는 스타일이며, 본연의 모발 텍스처를 살려 스타일링 하였다.
- **B** 이마 가까이 내려오는 밀착형 모자를 착용하였다.
- **C** 실용성과 독립성을 반영한 단발머리가 퍼지기 시작하였다
- **D** 여성의 역할이 확대됨에 따라 보다 실용적이고 관리하기 쉬운 절제된 스타일로 나아갔다.
- **E** 캡은 실내뿐 아니라 실외에서도 활용되며, 젊은 여성의 우아하고 실용적인 스타일을 완성하였다.

1920

1929

The Jazz Age

1920년대 (1920-1929)

미국의 부상과 재즈의 시대

제1차 세계대전 이후 유럽은 전쟁의 후유증으로 혼란을 겪었지만 미국은 전쟁 특수와 기술 발달로 전례 없는 경제 호황을 맞았다. 뉴욕은 세계 금융의 중심지로 부상했고 자동차, 전화, 전기가 일상에 빠르게 스며들며 삶의 방식이 크게 변화했다.

금주법으로 인해 생겨난 비밀 클럽에서 재즈가 퍼지기 시작했다. 아프리카계 미국인의 음악에서 출발한 재즈는 즉흥성과 자유로운 리듬으로 해방과 반항의 상징이 되었고 라디오와 영화, 클럽을 통해 대중문화로 자리 잡았다.

1920년 여성은 참정권을 획득했다. 젊은 여성들은 사회적, 문화적 자유를 추구하며 독립적인 삶을 꿈꾸었고 여성의 사회 진출과 자기표현에 대한 열망은 스타일로도 표현되었다. 신여성 '플래퍼 *flapper*'들이 도시를 활보하며 단발머리, 짧은 치마, 진한 화장, 재즈 댄스로 자아를 표현했다. 긴 머리를 자르는 행위는 전통적 여성상과의 결별을 의미했고, 더욱 짧고 과감한 미국의 보브 커트 *bob cut*, 영국의 이튼 크롭 *Eton crop* 스타일이 유행했다. 더불어 미용 산업도 빠르게 성장했다.

Free or not, everything turned to jazz

미술과 예술양식

아르데코, 기하학과 장식의 시대

제1차 세계대전 이후 변화된 사회 분위기 속에서 예술과 문화는 빠르게 발전했다. 아르데코 양식은 기하학적 형태, 대칭성, 화려한 장식, 산업 재료 등을 특징으로 예술과 디자인 전반에 영향을 미쳤다. 한편 표현주의 *Expressionism*는 감정의 직접적 표출과 내면세계를 강조하며 전쟁 이후의 혼란과 상실감을 예술을 통해 강렬하게 드러냈다. 이 외에도 반이성적이고 풍자적인 다다이즘 *Dadaism*, 무의식과 꿈의 세계를 탐구해 인간 내면을 그려내는 초현실주의 *Surrealism* 등 시대정신을 반영한 다양한 예술 사조가 등장했다.

이 시기 여성의 사회적 지위가 향상되면서 여성의 역할과 위치 또한 크게 변화했다. 여성은 더 이상 감상의 대상으로 머무르지 않고, 예술을 능동적으로 향유하고 생산하는 주체이자 소비자로 자리매김했다. 이러한 변화는 문화적 표현에서도 뚜렷하게 나타났는데, 짧은 머리와 활동적인 의상으로 자신을 표현한 '플래퍼'는 기존의 여성 이미지에서 벗어나 새로운 여성상을 제시하며 시대 변화를 상징하는 존재가 되었다.

모이즈 키슬링 *Moise Kisling* **「키키 드 몽파르나스** *Kiki de Montparnasse***」**(1924)

모이즈 키슬링은 20세기 초 '파리화파 *École de Paris*'를 대표하는 화가 중 한 명이다. 이 작품 속 여성은 당시 마네킹, 가수, 배우 등 다양한 예술 활동을 하며 자유로운 삶을 살던 인물이다. 그의 헤어스타일은 짧게 자른 보브 커트 또는 쇼트 커트에 헤어밴드를 매치한 형태로 보인다. 이 단순하면서도 세련된 스타일은 이전 시대의 긴 머리와 확연히 대조되며 여성의 해방된 삶과 이상을 상징적으로 드러낸다.

<Kiki de Montparnasse>1924, Oil on canvas, 55cm×38.1cm, Private collection

시대의 상징: 헤어밴드로 장식한 보브 커트

1920년대 여성 헤어스타일의 아이콘인 보브 커트는 짧은 머리로 독립성과 자유를 표현한 혁신적 스타일이었다. 앞머리를 정돈한 블런트 보브나 목덜미 쪽으로 갈수록 짧아지는 싱글 보브 스타일이 대표적인 변형이다. 특히 당시 유행한 핑거 웨이브는 손가락과 빗으로 웨이브를 잡아내는 기법으로, 세련된 이미지를 연출하는 데 널리 활용되었다. 여기에 헤어밴드는 짧은 머리를 단정하게 정리하면서도 우아함을 더해 대표적 패션 아이템으로 각광받았다.

<Kiki de Montparnasse, recreated through AI> 2025, Image-generating AI

She cut her hair and cut history

A

B

C

플래퍼의 낮

플래퍼 *Flappers*는 머리를 짧게 자르고 무릎까지 오는 원피스와 스타킹을 착용했다. 낮에는 사무실에서 타자기와 전화기를 다루고 밤에는 재즈 클럽과 비밀 술집에서 친구들과 춤을 추었다. 전통적인 여성상과 달리 그들의 몸은 "나는 사회의 일원이다"라는 메시지를 드러내며 자유롭고 활기찬 도시 문화를 대표했다. 피츠제럴드의 단편 〈버니스, 머리를 자르다(1920)〉는 중서부의 한 소녀가 머리를 자르고 뉴욕으로 떠나 진정한 자아를 찾는 여성의 세계를 보여준다. 짧은 단발은 플래퍼의 자유와 자기표현의 상징이었다.

A 이튼 크롭 *Eton Crop*은 영국 명문 이튼 칼리지의 남학생에게서 영감을 받은 짧고 매끄러운 중성적 헤어스타일이다. 독립을 상징하며 영국 여성 사이에서 유행했다.

B 플래퍼의 대표적인 스타일로 귀 아래까지 잘라 둥글게 정리한 보브 커트

C 긴 머리를 틀어 올리고 앞머리를 잘라 변화를 주었다.

D 보브 단발에 마르셀 웨이브로 우아한 여성미를 더했다.

A

B

C

재즈 걸의 밤

재즈 걸은 도시의 불빛 속에서 태어난 자유의 화신이었다. 단발머리는 목덜미를 드러내며 경쾌하게 흔들렸고, 무릎 위로 떨어지는 드레스는 그가 더는 과거의 규범에 묶여 있지 않음을 말해주었다. 밤이면 재즈 클럽의 리듬에 몸을 맡기고 웃음과 춤으로 자신이 살아 있음을 증명했다. 그의 발끝에서 튀어 오른 박자는 사회가 금지했던 목소리를 대신했고, 담대하게 꺾인 손목과 빛나는 눈빛은 스스로를 노래하는 선언이었다.

"긴 머리를 없애는 것은 여성들이 자유를 향해 나아가면서 버린 수많은 작은 족쇄 중 하나" (1927) 메리 가든, 오페라 가수

Ⓐ 마르셀 웨이브 *marcel wave*는 선명하고 윤기 있는 물결 모양으로 짧은 보브 커트와 함께 크게 유행했다. 세련되고 현대적인 이미지의 대표 스타일로 발전하였다.

Ⓑ 플래퍼의 헤어웨어는 짧은 보브 커트와 웨이브 스타일을 헤드밴드·깃털·보석 등으로 장식해 화려함을 더한 것이 특징이다.

Ⓒ 무거운 비즈 장식이 달린 스컬캡은 머리에 딱 맞게 착용한다. 짧은 머리에 잘 어울렸다.

Ⓓ 머리를 감싸는 종 모양의 클로슈 *cloche* 모자가 유행하였다.

Ⓔ 머리카락을 매끈하게 두피에 붙여 스타일링하는 슬릭 스타일이다. 컬을 누르는 제품을 사용하였다.

1930

1939

The Depression Era

1930년대 (1930-1939)

대공황과 할리우드 황금기

세계의 중심으로 떠오른 미국이 대공황이라는 전대미문의 경제 위기를 맞이한 시기였다. 은행이 무너지고 공장이 멈추며 수많은 사람들이 일자리를 잃고 삶은 불안정해졌다. 한편 유럽 전역에는 나치즘과 파시즘이 확산되며 전쟁의 그림자가 짙어졌고, 사람들은 점점 더 불안한 시대를 살아가야 했다.

여성 역시 큰 변화를 겪었다. 많은 여성이 일터에서 밀려나 다시 가정으로 돌아갔고, 사회는 다시금 '현모양처'의 역할을 요구했다. 그런 가운데 당시 대중의 유일한 위안이자 꿈이 되어 준 것은 할리우드 영화였다. 스크린 속 여배우는 현실과는 다른 세상의 인물처럼 보였고, 그들의 스타일은 수많은 여성의 동경의 대상이 되었다. 특히 여배우의 머리 모양을 따라 하는 것이 유행처럼 번졌다.

이 시기에는 굵은 웨이브, 부드러운 컬, 세련된 보브 커트 등이 인기를 끌었으며, 여성들은 손가락과 빗으로 곡선을 만들어 내는 핑거 웨이브나 풍성한 웨이브 스타일을 직접 연출했다. 콜드 펌 기술의 발달은 자연스러운 웨이브 연출을 보다 쉽게 만들어주었고, 파마 기계를 활용한 볼륨 스타일도 가능해졌다. 비록 시대는 어렵고 불확실했지만 여성들은 머리카락을 통해 자신을 표현했고, 영화 속 아름다움을 삶 속에 끌어들이며 작지만 소중한 위안과 희망을 찾았다.

In a world of depression, dreams flourish

미술과 예술양식

초현실주의, 꿈이 현실을 흔들다

1930년대는 대공황과 전체주의 확산, 전쟁의 위협 속에서 기존 질서와 가치에 대한 불신이 깊어진 시기였다. 예술은 이러한 사회적 불안과 갈등을 반영하며 새로운 표현 방식을 적극적으로 모색했다.

아르데코는 장식적이고 세련된 스타일로 여전히 건축, 상업 디자인, 공예 분야에서 인기를 끌며 도시의 근대적 감각을 상징했다. 반면 기존의 합리성과 질서에 대한 회의에서 출발한 다다이즘의 흐름은 초현실주의 *Surrealism*로 이어지며 본격화되었다. 프로이트의 정신분석학은 예술가들에게 무의식과 꿈, 억압된 욕망의 세계를 탐구할 수 있는 이론적 토대를 제공했다. 살바도르 달리, 막스 에른스트 등은 기이하고 상징적인 이미지로 내면의 진실을 표현하고자 했다. 추상미술도 이 시기를 거치며 순수한 형태와 색채, 구조를 통해 감정과 사상을 전달하는 조형 실험으로 확장되었다.

1930년대 예술은 사회 현실과 인간 심리, 형식 실험이 교차하며 기존 예술 개념을 근본적으로 확장시킨 전환의 시기였다.

앙리 마티스 *Henri Matisse* **「푸른 블라우스를 입은 젊은 여인** *Young Woman in a Blue Blouse*」(1939)

앙리 마티스가 1939년에 그린 이 초상화의 여인은 당시 유럽 및 서구 사회에서 유행한 금발 웨이브 스타일을 하고 있다. 1920년대보다 약간 길어진 보브 커트에 부드러운 웨이브가 가미되었다. 당시 중산층 여성이 선호한 현대적이고 세련된 이미지를 보여준다.

<Young Woman in a Blue Blouse: Portrait of L.N. Delektorskaya>1939, oil on canvas, 35cmx27cm, Hermitage, St. Petersburg, Russia

시대의 상징: 금발 웨이브 보브 커트

1930년대는 유성영화 전성기로 스크린에서 더 잘 보이게 하기 위해 밝은 금발이 선호되었다. 이는 조명 효과를 극대화하는 데에도 효과적이었다. 특히 핑거 웨이브, 마르셀 웨이브, 소프트 웨이브 등 다양한 형태의 웨이브 스타일이 인기를 끌며 이전의 딱딱한 단발에서 벗어나 여성스러운 부드러움과 우아함을 강조했다. 이 스타일은 패션 잡지와 광고를 통해 미국과 유럽 전역으로 빠르게 퍼져나갔다.

<Young Woman in a Blue Blouse: Portrait of L.N. Delektorskaya, recreated through AI> 2025, Image-generating AI

Soft curls, hard times, dreamy illusions

A

B

C

D

E

대공황의 거리

해진 코트와 꿰매 신은 낡은 구두. 절제와 생존의 흔적이 고스란히 담겨 있다. 머리의 화려한 장식은 사라졌다. 빗질로 단정히 눌러 고정하거나 소박한 핀으로 간단히 고정한 웨이브 스타일이다. 화장은 옅었다. 그들은 대공황의 터널 속에서 검소한 생활을 이어갔지만, 작은 거울 앞에서 머리카락에 웨이브를 넣는 순간만큼은 꿈과 희망을 잃지 않았다.

Ⓐ 긴 머리를 자르지 않고 말아 넣거나 꼬아서 핀으로 고정한 포 보브 *faux bob* 스타일이다. 짧게 자른 듯한 착시 효과를 준다.

Ⓑ 젖은 머리카락을 겹겹이 겹쳐서 손가락에 단단히 감은 후 철사 헤어핀으로 두피에 고정한 다음 물기를 말려 웨이브를 연출하였다.

Ⓒ 실핀 *bobby pins*은 실용적인 용도뿐 아니라 패션 아이템으로도 필수였다. 클립과 장식용 빗은 화려함을 더했다.

Ⓓ 긴 머리가 다시 주목받았다. 우아한 시뇽 번 *chignon bun* 스타일로 세련됨을 표현하였다.

Ⓔ 올백으로 이마를 드러내고 낮게 묶은 번 헤어는 강인하고 세련된 이미지를 상징하는 헬레나 루빈스타인 *Helena Rubinstein*의 대표 헤어스타일이다. 그는 세계 최초로 화장품 브랜드를 창립한 여성 기업가로, '못생긴 여자는 없다, 게으른 여자가 있을 뿐'이라는 말로 유명하다.

Ⓕ 모자는 모든 여성의 옷장에 필수 아이템이었다. 페도라 *fedora*는 우아하면서도 중성적인 매력을 발산하며 유행하였다.

A

낭만적 도피, 은막의 세계

대공황 속에서도 영화산업은 할리우드를 중심으로 황금기를 맞이했다. 스크린 속 배우는 세련된 패션과 반짝이는 헤어스타일로 등장했다. 여성들은 낡은 코트와 실용적인 의상으로 하루하루를 버텼지만, 거울 앞에서는 은막의 여배우를 따라 부드러운 웨이브를 만들거나 값싼 화장품으로 붉은 입술을 그리곤 했다. 영화 속 스타의 이미지가 작은 사치와 희망의 모델이 되어 머리 모양 하나, 립스틱 한 줄기로 현실을 넘어선 자기표현을 시도할 수 있었다.

Ⓐ 이전보다 풍성한 볼륨을 강조한 보브 스타일로 매끈하게 정돈된 웨이브와 세련된 실루엣이 특징이다.

Ⓑ 플래티넘 블론드(백금발) 헤어 컬러를 완성하기 위해서는 위험을 감수해야 하는 강도 높은 탈색 과정이 필요했다.

Ⓒ 헤어스타일러 시드니 길라로프 *Sydney Guilaroff*는 영화 자막에 최초로 이름을 올렸다. 그는 메트로 골드윈 메이어 *MGM* 스튜디오에서 40년 이상 근무하며 1,000편이 넘는 영화 작업에 참여했으며, 많은 영화 스타의 시그니처 헤어스타일을 창조했다.

Ⓓ 우아함을 상징하는 마르셀 웨이브가 얼굴을 감싸 흐르며 세련됨을 보여주어 인기를 끌었다.

Ⓔ 붉은 갈색이나 짙은 갈색 머리의 여배우는 스타일의 아이콘이 되었고, 관객들은 그들의 스타일을 모방했다.

1940

1949

WW2

1940년대 (1940-1949)

제2차 세계대전과 빅토리 롤

전쟁으로 시작해 전쟁으로 끝난 시대였다. 남성은 전장으로 나가야 했고, 여성은 공장과 사무실, 병원 등 다양한 일터로 나서야 했다. 여성은 더 이상 집 안에 머무르지 않고 전쟁 수행의 일원이자 독립적인 노동자로 자리 잡기 시작했다. 실용성과 기능이 우선하는 시대로 복장은 단정하고 활동적인 스타일이 주를 이뤘다.

머리 모양 또한 시대를 반영했다. 과거의 긴 머리를 대신하여 단정하게 틀어 올리거나 고정하는 실용적인 스타일이 유행했다. 특히 '빅토리 롤 *Victory roll*'은 당시를 대표하는 스타일로 머리카락을 둥글게 말아 고정한 모습에 전쟁 승리를 상징하는 의미까지 담았다. 작업할 때는 스카프로 고정하거나 정돈하여 작업에 방해되지 않게 했다.

전쟁이 끝난 1945년부터 여성의 이미지는 다시 '우아하고 여성스러운' 쪽으로 회귀했다. 디올의 뉴룩 *New Look*이 등장하며 잘록한 허리와 풍성한 스커트 그리고 부드러운 곡선을 살린 헤어스타일이 다시 유행했다. 볼륨 있는 풍성한 컬, 얼굴선을 따라 흐르는 부드러운 웨이브는 여성스러움의 상징으로 자리 잡았다. 이 시대 여성 헤어스타일은 단순한 미용을 넘어 시대의 요구와 정체성 그리고 회복의 희망을 담았다.

War began, freedom was born

미술과 예술양식

추상표현주의와 뉴욕의 부상

제2차 세계대전의 발발로 유럽 예술가들이 미국으로 망명하면서, 뉴욕은 다양한 예술 사조와 철학이 융합되는 창조적 중심지로 부상했다. 전쟁의 참상과 기존 가치의 붕괴는 예술가들에게 내면과 존재의 본질을 성찰하도록 이끌었다.

잭슨 폴록 *Jackson Pollock*은 전통적 구도를 거부하고 화면 위에 물감을 뿌리거나 흘리며 '행위' 자체를 예술로 승화시켰고, 마크 로스코 *Mark Rothko*는 깊고 부드러운 색면을 통해 보는 이의 내면과 조응하는 정서를 창출했다. 이들은 외형의 재현을 넘어서 감정과 무의식을 화면 위에 구현하고자 했다.

이 시기의 예술은 단순한 형식 실험을 넘어 인간 존재에 대한 통렬한 질문과 시대의 상흔을 담은 표현이 되었다.

살바도르 달리 *Salvador Dali* **「레다 아토미카** *Leda Atomica*」(1948)

이 작품은 그리스 신화의 <레다와 백조> 이야기를 현대적으로 재해석한 것으로, 모델은 달리의 아내 갈라이다. 부드러운 웨이브가 들어간 중간 길이의 업스위프 *up-sweep* 스타일로 우아하면서도 실용적인 이미지를 자아낸다.

<Leda Atomica>1948, Oil on canvas, 61.1cm×45.3cm, Dalí Theatre-Museum, Figueres, Spain

시대의 상징: 업스위프 헤어스타일

1940년대는 많은 여성이 공장과 사무실, 병원 등 다양한 일터에 진출하던 시기로, 머리를 단정하게 올려 고정하는 업스위프 스타일이 유행했다. 헤어스프레이가 개발되어 웨이브와 컬을 장시간 유지할 수 있었다. 목덜미까지 머리를 말끔히 정리하고 정수리와 앞머리에 볼륨을 더해 실용성과 세련됨을 동시에 표현했다. 핀컬이나 롤로 여성스러움을 강조했고 활동성이 좋아 여성들이 선호했다. 할리우드 여배우들도 이 스타일을 자주 선보여 대중에게 우아하고 매력적인 이미지로 각인되었다. 오늘날에도 우아한 빈티지 스타일로 사랑받고 있다.

<Leda Atomica, recreated through AI> 2025, Image-generating AI

From factories to front step, beauty endured

A
D
B

전장의 뒤편 공장의 여신들

전쟁의 포성이 멈추지 않던 1940년대, 공장의 여인들은 조용한 영웅이었다. 그들은 총 대신 기계를 들고 화약 냄새 대신 금속의 열기를 견디며 전장의 뒤에서 버텨냈다. 거칠어진 손끝 아래서도 단정히 말아 올린 헤어롤은 내일을 포기하지 않겠다는 의지의 장식이었다. 피로 속에서 빛났던 그들의 머리카락은 전쟁 속에서도 아름다움을 잃지 않은 여성들의 자존이었다.

- **A** 롤을 위쪽으로 말아 올리는 빅토리 롤이 등장한다.
- **B** 유니폼과 모자에 맞춰 헤어스타일링을 해야 했다.
- **C** 로지 더 리베터 *Rosie the Riveter*는 제2차 세계대전 중 미국의 군수산업에 투입된 여성 노동자를 대표하는 상징적 인물이다. 머리를 빗어 올려 업무 스타일로 깔끔하게 정리했다. 빨간 스카프를 머리 위에서 매듭지어 작업 중 안전을 확보하고 강인한 이미지를 표현했다.
- **D** 머리카락을 단단하게 말아 올려 작업 중 방해되지 않도록 스타일링 하였다.
- **E** 핀업걸은 제2차 세계대전 중 전장에서 여성 사진을 벽에 핀으로 꽂아둔 데서 유래했다. 핀업걸은 주로 웨이브를 한 머리에 섹시하면서도 건강한 이미지를 보여주었다.

헤어 롤러 내일을 단장하다

전쟁이 끝나고 여성은 다시 거울 앞에 섰다. 잘록한 허리와 풍성한 스커트, 부드러운 곡선을 살린 헤어스타일이 여성성을 상징했다. 부풀린 머리카락과 정성껏 말아 올린 컬은 단지 아름다움을 위한 장식이 아니었다. 그것은 전쟁을 견뎌낸 이들에게 주어진 회복과 희망의 아름다운 언어였다.

Ⓐ 원랭스 *one-length* 긴 머리에 부드러운 컬을 넣어 화려함을 연출하였다.

Ⓑ 터번은 부드러운 울이나 레이온 크레이프 같은 소재로 만든 긴 천으로, 머리에 감아 끝부분을 아래쪽으로 집어넣었다.

Ⓒ 긴 페이지보이 커트 스타일에 머리 옆과 뒤쪽 전체를 안쪽으로 말아 넣어 부드러운 컬을 만들었다.

Ⓓ 헤어 롤러는 열을 사용하지 않고 컬을 만들 수 있는 효과적인 도구였다. 당시에는 알루미늄이나 주석으로 된 롤러가 일반적이었다. 원통형 구조는 머리카락을 말기도 적합하고 젖은 머리를 말리기에도 좋았다. 롤러로 머리를 말아 핀이나 클립으로 단단히 고정했다. 여성들은 롤러를 말고 집안일이나 외출 준비를 하며 자연스럽게 스타일링을 완성했다.

Ⓔ 헤드 스카프 *headscarves*는 머리카락이 얼굴로 흘러내리는 것을 막고 먼지로부터 머리를 보호했다. 실용성과 스타일을 동시에 만족시켰다.

E

C

D

1950

1959

The Cold War Era

1950년대 (1950-1959)

냉전체제와 소비문화의 확산

제2차 세계대전 이후 미국은 경제적 번영을 이루며 세계의 중심으로 떠올랐다. 동시에 냉전체제가 본격화되면서 미국과 소련 사이의 긴장이 고조되었고 아시아와 아프리카 등 제3세계에 대한 관심도 증가했다. 이러한 배경 속에서 할리우드 영화 산업은 유례없는 성장을 이루었으며, 텔레비전이라는 새로운 매체가 대중문화의 흐름을 급격히 바꾸기 시작했다.

전쟁이 끝난 이후 여성은 다시 가정 중심의 전통적 역할로 복귀하는 분위기였지만, 동시에 사회 진출과 자아실현에 대한 논의도 확산되었다. 여성은 미용을 단순히 아름다움의 수단이 아닌 자기표현의 중요한 방법으로 인식하기 시작했고 헤어스타일은 그러한 정체성과 욕망을 드러내는 핵심적인 수단이 되었다.

젊은 소비자층은 패션과 화장품에 큰 관심을 보였으며 할리우드 스타의 스타일을 모방하는 것이 번졌다. 마릴린 먼로의 금발 웨이브 버블 스타일은 섹시하고 여성스러운 이미지를 상징했고, <로마의 휴일>에서 오드리 헵번이 선보인 짧은 보브 커트는 도시적이고 세련된 여성을 상징하는 아이콘이 되었다. 프렌치 트위스트 같은 우아하고 세련된 업스타일도 많은 사랑을 받았다. 유명 헤어 디자이너들이 등장하기 시작했고 그들의 입체적이고 레이어드된 디자인이 유행을 이끌었다. 이는 단순한 머리 다듬기를 넘어 개성과 정체성을 표현하는 하나의 예술적 행위로 인식되었다.

The world froze, but life burned fiercely

미술과 예술양식

추상과 소비사회가 만나다

제2차 세계대전이 끝난 후 뉴욕은 유럽을 대신해 현대미술의 중심지로 부상했다. 1940년대에 시작된 추상표현주의는 1950년대에 전성기를 맞이했다. 잭슨 폴록은 액션 페인팅을 통해 예술의 행위를 캔버스에 담았고, 마크 로스코는 색면을 통해 내면의 감정과 초월적 분위기로 이끌었다.

한편 1950년대는 전후 경제 성장과 함께 대중 소비문화가 확산되던 시기이기도 했다. 광고, 디자인, 영화, 텔레비전 등 시각 이미지가 일상에 스며들었고 미술은 점점 대중과 소통하는 방식으로 변모했다. 미니멀리즘의 초기 조짐과 대중문화를 수용한 팝아트의 전조가 보이기 시작하며 예술은 '개인의 표현'에서 '대중의 시선'으로 확장되었다.

이 시대의 미술은 이중적 흐름 위에 있었다. 한쪽에서는 인간의 내면을 깊이 파고드는 고독한 추상의 세계가, 다른 한쪽에서는 소비사회와 미디어 환경에 반응하는 시각 이미지의 시대가 시작되고 있었다.

앤디 워홀 *Andy Warhol* **「마릴린 딥티크** *Marilyn Diptych***」**(1962)

이 작품은 마릴린 먼로가 출연한 1953년 영화 <나이아가라 *Niagara*>의 홍보 사진을 바탕으로 실크스크린 기법을 활용해 제작되었다. 워홀은 이 작품을 통해 마릴린 먼로를 20세기 대중문화 아이콘으로 승화시켰다. 마릴린 먼로의 풍성한 금발 버블 스타일은 당대를 대표하는 여성미의 상징이었으며 여성의 이상적 이미지로 자리 잡았다.

<Marilyn Diptych>1962, Acrylic, silkscreen ink, and graphite on linen -two panels, 205.4cm×289.6cm, Whitney Museum of American Art, U.S.A

시대의 상징: 소프트 보브

소프트 보브 스타일은 단순한 유행을 넘어 여성이 더 이상 긴 머리에 갇히지 않고 자신의 삶과 정체성을 선택하겠다는 조용한 선언이었다. 짧게 사른 머리 위에 풍성하게 말린 웨이브는 부드러움과 강인함을 동시에 품었으며, 금빛의 반짝임은 마치 스포트라이트를 받는 것처럼 여성의 자존감과 존재감을 상징했다. 이 헤어스타일은 아름다움의 기준에 대한 도전이자 예술과 대중문화의 만남에서 태어난 자유의 형식이었다. 머리는 외모를 꾸미는 도구가 아닌 시대의 공기를 품은 비언어적 언어가 되었다.

<Marilyn Diptych, recreated through AI> 2025, Image-generating AI

She stood at the mirror,
practicing perfection every day

광고, 완벽한 여성

전쟁이 끝난 후, 여성은 다시 가정의 평화를 책임지며 동시에 가족 소비의 결정권자로 자리 잡았다. 1957년에는 전체 노동자의 3분의 1이 여성이었고, 일부 여성은 경제적 독립을 이루기도 했다. 광고 산업은 이제 여성을 단순한 모델이 아닌, 가정 내 실질적인 소비 결정권자로 주목하며 그들의 일상을 비추기 시작했다. 주방에서, 사무실에서, 거리 위에서, 광고 속에서도 일상에서도 여성은 더 이상 침묵하지 않았다. 반짝이는 머리카락과 환한 미소로 '완벽함'이라는 무대에 당당히 등장한 그들. 광고는 당대 여성의 새로운 정체성을 상징하는 무대가 되었다.

Ⓐ 소프트 보브 *soft bob*는 중간 길이의 머리에 어울리는 스타일로 약간의 볼륨이 경쾌한 느낌을 주었다.

Ⓑ 1950년대 중반에 부팡 *bouffant* 스타일이 재등장해 후반에 들어서면서 더욱 인기를 끌었다. 머리카락을 머리 위로 높게 쌓아 올리는 형태로 발전해 시간이 흐를수록 머리가 더 높아지고 더 커졌다.

Ⓒ 짧은 레이어드 커트는 이탈리아 여배우의 세련된 이미지에서 영감을 받아 이탈리안 커트 *the Italian cut*로 불렸으며, 보이시하면서도 우아한 매력으로 인기를 얻었다.

Ⓓ 필박스 *pillbox* 모자는 머리 위에 단정하게 올려 쓰는 작은 원통형 모자로, 깔끔하고 품위 있는 인상을 주며 우아한 여성 패션의 상징으로 자리 잡았다.

Ⓔ 여성은 TV, 자동차 등 고가 제품의 소비 결정권자로 광고 속 주인공이 되었다.

Ⓕ 푸들 커트 *poodle cut*는 짧고 촘촘하게 말린 컬이 푸들의 털을 닮아 붙여진 이름으로, 독특한 질감과 개성 있는 분위기를 강조한다.

데이트, 자동차, 바람의 곡선

스크린 속 오드리 헵번의 쇼트 헤어와 온몸에서 배어나는 웃음은 청춘의 아이콘이 되었다. 젊은 세대는 머리를 자르고 거울 앞에 앉아 자유를 꿈꾸었다. 화장은 일탈이었고 헤어 롤링은 설렘이었다. 세상은 여전히 보수적이었지만 마음은 <로마의 휴일>을 살고 있었다.

A 일자 앞머리에 짧고 층이 진 스타일로 '헵번 커트 *Hepburn cut*' 또는 '오드리 커트 *Audrey cut*'라고 했다.

B 긴 머리를 그대로 늘어뜨리거나 뒤로 묶어 포니테일을 연출했다. 당시에는 '호스테일 *horsetail*'이라고 불렸다.

C 턱선 단발로 머리끝을 안으로 말아 U자형 곡선을 만들거나 핀컬과 롤러로 웨이브를 표현했다.

D 눈썹 위에서 둥글게 잘라낸 짧은 앞머리는 '베티 뱅 *betty bangs*'이라 불렸다. 나머지 머리는 부드러운 웨이브와 컬로 여성스러운 곡선을 강조했다. 당시의 핀업걸 문화와 결합되어 섹시하면서도 발랄한 이미지를 완성했다.

E 짧은 일자 앞머리에 층이 진 커트 스타일

B
C

E

1960

1969

Revolution and Freedom

1960년대 (1960-1969)

컬러TV와 대중문화의 폭발

1960년대는 혼란과 혁신이 교차했다. 냉전체제의 긴장, 베트남 전쟁의 충격, 거리에서 울려 퍼진 인권과 여성의 목소리가 낡은 질서를 흔들었다. 경제는 성장했고 컬러TV 속 세상은 점점 다채로워졌다. 1969년 아폴로 11호의 달 착륙은 새로운 시대가 도래했음을 알렸다.

변화의 한가운데서 여성은 더 이상 집 안의 조용한 존재가 아니었다. 제2물결 여성운동이 시작되었고 여성들은 동등한 임금, 피임권, 교육 기회를 요구하며 세상 밖으로 나왔다. 스타일은 그들의 언어가 되었다. 길게 기른 머리를 자르고 웨이브를 넣고 볼륨을 더해 "나는 나답게 살겠다"는 선언을 머리카락에 새겼다.

비달 사순의 세련된 커트, 트위기의 미니멀한 쇼트 스타일, 픽시 커트와 아프로 헤어, 커다란 부푼 머리와 화려한 웨이브까지…. 이 모든 스타일은 유행을 넘어 여성의 정체성과 자유의 상징이 되었다. 여성은 자신의 머리로 새로운 시대를 열어젖혔다.

Cuts, curls, and cries for change

미술과 예술양식

팝아트와 미니멀리즘, 일상과 본질 사이의 예술

1960년대는 전통이 무너지고 실험 정신이 폭발한 시대였다. 냉전, 베트남 전쟁, 인권 운동, 여성운동 등 급격한 사회 변화는 예술가에게 새로운 언어와 형식을 요구했다.

미국에서는 팝아트 *Pop Art*가 등장하여 대중문화와 소비사회를 비판적 시선으로 다루었다. 앤디 워홀, 로이 리히텐슈타인 등의 작가들은 광고, 만화, 스타의 이미지를 작품에 끌어들여 예술과 일상 간의 경계를 허물고 반복성과 표면성을 드러냈다. 이는 예술을 더 이상 고귀한 영역이 아닌 소비되는 현실로 인식하게 만들었다.

동시에 미니멀리즘 *Minimalism*은 단순한 형태, 색, 공간에 집중하며 감정과 서사를 배제하고 순수한 시각 경험을 중시했다. 형식의 극단적 절제는 '무엇이 예술인가'에 대한 근본적 질문을 던졌다.

1960년대의 예술은 저항과 자유 그리고 해체를 바탕으로 전통 형식을 파괴하고 새로운 표현을 찾아 나아갔다. 예술은 더 이상 박물관에 머무르지 않고 거리와 대중, 삶의 현장으로 스며들기 시작했다.

로이 리히텐슈타인*Roy Lichtenstein* **「창가의 소녀** *Girl in Window(Study for World's Fair Mural)*」(1963)

로이 리히텐슈타인의 만화풍 작품 속 여성은 1960년대 유행한 부팡 스타일과 세련된 보브 커트를 함께 보여준다. 풍성하게 부풀린 세미 커트에 두툼한 웨이브를 강조하면서도 전체적인 실루엣은 깔끔하게 유지되며, 한쪽 방향으로 자연스럽게 뻗어나간 플립아웃 스타일이 전체적인 볼륨감을 극대화한다.

<Girl in Window(Study for World's Fair Mural)>, 172.7cm×203.2cm, Whitney Museum of American Art, New York

시대의 상징: 부팡 플릭업 스타일

부팡 플릭업 *bouffant flick-up* 스타일은 전후 소비문화와 중산층의 미적 감각을 반영한 헤어스타일로 풍성한 볼륨과 매끄러운 머릿결이 특징이다. 이 스타일은 시간과 공을 들일 수 있는 여유와 사회적 지위를 상징하기도 했다. 당시 여성들은 백코밍과 헤어 스프레이를 활용해 풍성함을 더하고 리본이나 헤어밴드로 개성을 표현했다. 이 정제된 스타일은 공식적인 자리와 사회적 무대에 적합했으며, 오늘날에도 결혼식이나 중요한 행사에서 자연스럽고 가벼운 변형 스타일로 여전히 사랑받고 있다.

<Girl in Window(Study for World's Fair Mural), recreated through AI> 2025, Image-generating AI

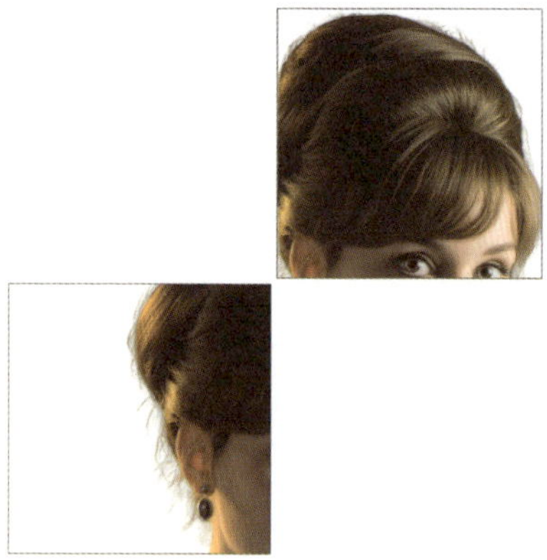

Volume was protest. Style was power.

A
B
C

은막의 우아함, 거리의 자유

업타운의 여성은 완벽한 곡선으로 여성성을 연기했고, 다운타운의 여성은 거칠고 짧은 머리칼로 진짜 삶을 말했다. 스타일은 신분이었고 머리칼은 자유였다.

A 머리를 큰 롤러로 세팅하여 필요한 볼륨과 높이를 만들고 미리끝을 바깥쪽으로 말아 올린 '플립업 *flick-up* 스타일'이다. 밝고 경쾌한 인상을 준다.

B 여러 겹으로 층을 쌓아 올려 풍성하고 입체적인 실루엣을 연출했다. 유명 헤어디자이너 루이 알렉상드르 레몽 *Louis Alexandre Raimon* 이 만들었다. '핀휠 *pinwheel*'로 알려져 있다.

C 비달 사순 *Vidal Sassoon* 이 선보인 사순 커트, 기하학적 보브 커트이다. 그는 당시 유행한 부팡 스타일과는 달리 층 없이 한번에 잘라내는 단면 커트로, 매끈하고 볼륨 없는 실루엣을 완성했다.

D 비하이브 *beehive* 헤어스타일은 벌집 모양을 연상시키는 스타일로, 백콤과 스프레이를 활용해 풍성한 볼륨을 연출한다. 실핀과 백콤 브러시 같은 도구를 사용하여 우아하면서도 강렬한 실루엣을 완성한다.

E 미니스커트의 창시자인 메리 퀀트 *Mary Quant*의 대표 헤어스타일로 별도의 스타일링 없이도 윤기와 간결함을 유지한다. 실용적이면서도 세련된 분위기를 연출한다.

A

B

거리의 외침, 숲의 속삭임

도시의 광장에서 여성은 소리쳤다. '같은 임금, 같은 권리, 나의 몸은 나의 것'이라고. 또 다른 그는 도시를 떠나 자연의 리듬에 맞춰 숨 쉬며, 타인의 시선이 아닌 자신의 내면에 귀 기울였다. 그들은 각자의 방식으로 자유를 향해 나아가며 삶을 선택하고 표현했다.

A 모델 트위기 *Twiggy*는 옆 가르마에 긴 사이드 앞머리가 있는 짧은 헤어스타일, 픽시 커트를 선보였다. 이 스타일은 그녀의 이름을 따서 '트위기 커트 *Twiggy cut*'라고도 불리며 많은 사람에게 인기를 끌었다.

B 부팡 긴 머리 스타일은 머리 윗부분을 백콤으로 부풀려 풍성한 볼륨을 주는 것이 특징이다. 아래쪽 머리는 느슨한 웨이브로 자연스럽게 흘러내려 부드러운 분위기를 연출한다. 넓은 헤어밴드는 볼륨을 강조하고 얼굴을 돋보이게 해준다.

C 무거운 앞머리와 긴 머리의 야요이 쿠사마 스타일이다. 야요이 쿠사마는 뉴욕 아방가르드 예술계의 중심에서 실험적이고 도발적인 활동을 펼치며 세계적인 주목을 받았다. 1960년대 내내 많은 여성은 긴 머리를 즐겨 했으며 무거운 앞머리를 더하기도 하였다.

D 아프로 픽 *afro pick* 스타일. 머리를 부풀려 클래식한 둥근 형태로 연출하였다.

1970

1979

The Disco Era

1970년대 (1970-1979)

기술 발전과 디스코 열풍

베트남 전쟁은 끝났지만 냉전은 계속되었고 오일 쇼크와 인플레이션으로 인해 경제는 크게 흔들렸다. 그럼에도 불구하고 텔레비전의 확산과 대중문화의 발전은 세계를 더 평평하게 만들었다. 고정된 기준은 사라지며 개성과 취향의 다양성이 존중받기 시작했다.

여성은 더 이상 '보조적 존재'가 아닌 자신의 이름으로 일하고 말하는 주체로 부상했다. 평화 운동과 여성운동의 확산은 교육, 노동, 성평등의 문을 넓혔고, 이러한 변화는 스타일과 헤어에도 고스란히 반영되었다. 이제 여성들은 단지 '예쁘게 보이기 위한 머리'가 아니라 '나를 위한 스타일'을 찾기 시작했다.

긴 레이어드 커트, 짧고 도전적인 픽시 커트, 자유롭고 거친 섀기 커트는 모두 여성의 독립성과 개성을 상징했다. 글램 록 스타일의 영향을 받은 굵고 풍성한 컬은 강한 인상을 남겼고 도로시 해밀의 보브 커트, 흑인 문화에서 비롯된 아프로와 브레이드 스타일 그리고 젠더 경계를 허문 유니섹스 스타일까지…. 머리는 더 이상 단순한 외모가 아닌 저항의 문화이자 솔직한 자기표현의 방식이 되었다.

Dreaming of real freedom

미술과 예술양식

개념과 퍼포먼스, 생각이 예술이 되다

1970년대는 기존의 형식과 권위에 대한 해체와 저항, 개인성과 실험 정신이 강하게 부각된 시기였다. 전통적인 미술관 중심의 예술을 벗어나려는 움직임이 활발히 전개되었고, 예술은 점점 개인의 정치적·사회적 목소리를 담는 수단으로 변했다.

개념미술 *Conceptual Art*은 '무엇을 그렸는가'보다 '왜 표현하는가'를 중시했으며, 결과물 자체보다 생각과 아이디어를 예술로 간주했다. 여성주의 미술 *Feminist Art*은 여성의 몸, 노동, 일상, 억압된 역사 등을 예술의 주제로 삼아 젠더 정체성과 사회 구조를 비판했다. 퍼포먼스 아트와 비디오 아트는 신체, 시간, 기술을 예술의 재료로 삼으며 예술의 경계를 넓혔다.

한편, 히피 문화와 사이키델릭 아트 *Psychedelic Art*는 자유롭고 환상적인 색감과 패턴을 통해 현실을 초월하고자 했으며, 이는 포스터, 음반 커버, 패션 등 대중문화 전반에 스며들었다. 이처럼 1970년대의 예술은 전통과 권위에서 벗어나 일상과 거리로 나아갔으며, 그 중심에는 사회적 메시지를 담은 '진짜 나'에 대한 탐색이 있었다.

앤디 워홀 *Andy Warhol* **「티나 프리먼** *Tina Freeman*」(1975)

워홀은 1970년대 뉴욕에서 활동한 사진작가 티나 프리먼을 유명 인사처럼 대하며 익명성과 유명세의 경계를 흐렸다. 그는 프리먼의 다양한 면모를 하나의 이미지로 단순화해 '아이콘'처럼 소비되도록 만들었다. 어깨까지 오는 자연스러운 웨이브 헤어는 인위적이지 않은 질감과 유연한 실루엣을 드러내며, 1970년대의 자유로운 자기표현과 보헤미안 감성을 반영한다.

<Tina Freeman>1975, Acrylic and silkscreen ink on canvas, 101.6cm×101.6cm, Private Collection

시대의 상징: 내추럴 스타일

1970년대의 헤어스타일은 '자연스러움'과 '개성'을 중시하는 시대적 흐름 속에서 탄생했다. 이전 시대가 매끈하고 단정한 실루엣을 추구했다면 이 시기에는 웨이브를 자연스럽게 흘러내리게 하거나 파격적으로 연출하는 방식이 유행했다. 이는 화려한 장식을 배제하고 본연의 나다움을 드러내려는 태도와 맞닿아 있었다. 여성의 사회적 역할 변화, 성 해방 운동, 흑인 민권 운동, 성소수자 권리 운동 등 다양한 흐름이 개인의 자유와 개성을 존중하는 문화적 분위기를 형성했고 거친 질감과 장식적인 웨이브, 풍성한 볼륨은 꾸미지 않은 듯하면서도 세련된 감성을 표현했다.

<Tina Freeman, recreated through AI> 2025, Image-generating AI

Unbrushed, Unbothered, Unbound

Natural Style
vs
Exaggerated Style

헤어 아이콘 파라 포셋 *Farrah Fawcett* 은 '롱 레이어드 섀기 커트'와 '깃털처럼 바깥으로 뻗는 페더드 플립 커트'로 시대를 대표했다.

그의 등장 이후 미용실에서 "파라 포셋 스타일로 해주세요"라는 말이 유행어가 될 정도였다고 한다. 자연스러운 웨이브와 바깥으로 말린 끝부분이 특징이다. 당시 새롭게 보급된 핸드 드라이어와 롤 브러쉬를 활용한 블로 드라이 덕분에 가능하였다. 시대의 기술과 감성이 완벽히 어우러진 스타일이었다.

Disco curls

Shag cut

Glam Rock style

Ⓐ 깃털처럼 부드럽게 말린 레이어드 헤어인 포셋 플립 *Fawcett flip*은 당시 전 세계 여성들이 선망한 스타일이다.

Ⓑ 디스코 컬 *disco curls*은 디스코 열풍과 함께 등장해 다양성과 자유의 상징이 되었다. 1978년 뉴욕의 전설적인 클럽 Studio 54에서는 디스코 컬이 없다는 이유로 입장이 거부된 여성이 근처 미용실에서 급히 컬을 하고 돌아와 입장했다는 일화가 전해진다. 이는 당시 디스코 컬이 얼마나 강력한 문화적 코드였는지를 보여준다.

나답게 자유롭게

디스코 문화는 성별, 인종, 계급을 넘나드는 포용성과 해방감을 상징한다. 특히 흑인·라틴계·성소수자 커뮤니티가 주도한 문화로 주류 사회에 강력한 영향을 미쳤다. 반짝이는 의상, 플레어 팬츠, 메탈릭한 색감, 풍성한 머리와 글리터 메이크업은 모두 '자유롭게 빛나는 나'를 표현하는 수단이었다.

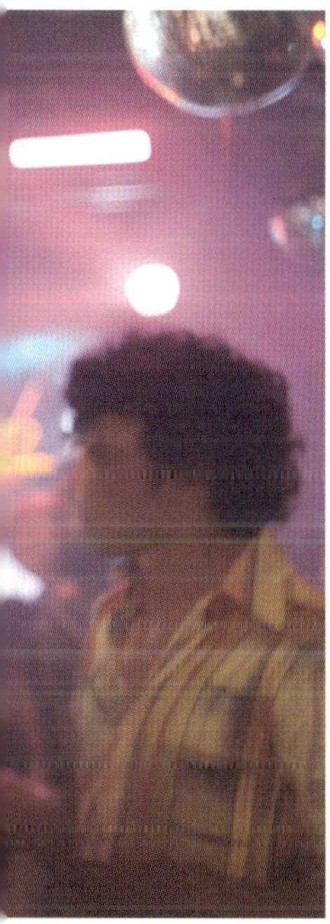

C 후드 드라이어 *hood dryer*는 돔형 고정식 열풍 드라이기로, 1960년대부터 미용실에서 대중화되었다. 파마 후 열처리나 롤 세팅 고정에 효과적이었으며, 드라이어 아래에 편안히 앉아 잡지를 넘기거나 담소를 나누는 모습은 당시 미용실의 상징적인 풍경이었다.

D 컬러 TV의 보급과 함께 헤어 제품 광고가 대중문화에 큰 영향을 미쳤다.

A

B

C

당신들과 다르게 살 테다

E

펑크족은 음악뿐 아니라 패션과 태도, 언어까지 삶 전체를 반항의 무대로 만들었다. 가죽 재킷, 모히칸 헤어, 찢어진 옷, 거친 말투는 단순한 스타일이 아닌 '우리는 당신들과 다르게 살겠다'는 선언이었다.

A 섀기 커트는 층차와 질감이 핵심이며, 정수리 볼륨과 위는 짧고 아래는 긴 레이어가 특징이다. 남녀 모두에게 인기가 있었다.

B 웨지 커트 *wedge cut*는 계단식 레이어 구조로 입체감과 볼륨을 살린 혁신적인 커트이다. 1976년 도로시 해밀 *Dorothy Hamill*이 몬트리올 올림픽에서 금메달을 따는 순간, 웨지 커트는 대중에게 각인되기 시작했다.

C 아프리카 고대의 전통적인 헤어스타일링 방식인 콘로 *cornrow*는 60~70년대 흑인 프라이드 운동으로 다시 유행하기 시작했다.

D 시각적 충격과 젠더 표현의 해체를 중심에 둔 70년대의 독특한 문화 현상인 글램 록 *glam rock* 스타일이다. 글램 록의 헤어스타일 또한 볼륨 있고 레이어가 많은 커트, 뾰족한 텍스처, 컬러 염색 등 시각적 임팩트를 강조했다.

E 스파이키 펑크 *spikey punk* 스타일은 펑크 록 문화의 상징적인 헤어스타일로 자유롭고 반항적인 개성을 표현하는 강렬하고 뾰족한 형태의 머리이다. 직접 머리를 자르고 염색하고 스타일링하여 각자의 정체성을 드러냈다.

1980

1989

Power and Excess

1980년대 (1980-1989)

정보기술의 도약과 글로벌 팝 문화

1980년대는 격동과 과장의 시대였다. 냉전이 계속되는 가운데 자본주의의 소비문화가 전 세계적으로 번성했으며 기술의 발전과 팝 문화의 확장은 경제 불안정성과 함께 급속히 진행되었다. 거리에는 네온사인처럼 화려한 색채가 넘쳤고 사람들은 더욱 강렬하게 '자신'을 드러내고자 했다.

여성 역시 변화의 중심에 있었다. 더 이상 단정하고 조용한 존재가 아닌 사회에서 당당히 일하고 목소리를 내는 주체로 자리 잡기 시작했다. 패션, 메이크업, 헤어스타일은 모두 자기표현의 수단이 되었고 그중에서도 헤어스타일은 감정과 태도를 드러내는 가장 직관적인 방식이었다.

풍성한 부팡 헤어, 과감한 펌, 비대칭 커트, 옆으로 쓸어 넘긴 볼륨 있는 앞머리는 여성들이 세상에 보내는 외침이었다 – "나는 여기 있다!" 마돈나와 휘트니 휴스턴 같은 팝스타는 시대의 아이콘이 되었고, 그들의 머리 스타일은 여성이 꿈꾸는 자유와 에너지의 상징으로 자리 잡았다. 여성들은 자신만의 스타일로 머리를 꾸미며 시대를 빛낸 주인공으로 당당히 무대 위에 섰다.

Neon, volume, and ambition in motion

미술과 예술양식

포스트모더니즘, 감각과 해체의 시대

1980년대는 화려하고 복잡한 시대였다. 세계는 여전히 냉전의 긴장 속에 있었고 소비문화는 최고조에 달했다. 기술과 대중문화가 빠르게 퍼지면서 예술도 달라졌다. 이제 예술은 철학적인 메시지보다 감각적인 자극과 대중과의 소통을 더 중요하게 여겼다.

포스터모더니즘 *Postmodernism* 이 뿌리내리면서 새로운 흐름이 생겨났다. 정답이나 깊은 의미를 강요하던 기존의 예술에서 벗어나 보는 사람이 자유롭게 해석할 수 있는 작품이 많아졌다. 만화, 광고, 그래피티, 설치미술, 비디오 아트 등 다양한 장르가 섞이며 예술은 미술관을 넘어 거리와 매체 속으로 들어왔다.

예술가는 더 이상 '고독한 천재'가 아니라 현실을 살아가는 '참여자'로 활동했다. 이 시대의 예술은 질문보다는 감각, 깊이보다는 속도를 추구했다. 그러나 그 안에서도 시대의 불안과 인간의 욕망을 마주할 수 있었다.

패트릭 나겔 *Patrick Nagel* **「조안 콜린스** *Joan Collins*」(1982)

Lot 16: PATRICK NAGEL ARTIST PROOF SERIGRAPH, JOAN COLLINS.1982

미국의 배우이자 TV 스타인 조앤 콜린스를 모델로 한 작품이다. 그녀의 풍성하고 볼륨감 있는 헤어스타일은 1980년대 여성의 스타일을 상징적으로 보여준다. 당시 유행한 만화같은 선과 단순한 색면으로 표현된 나겔 특유의 스타일이 돋보이며, 여성의 강렬한 개성과 자율적인 이미지를 보여준다.

<Lot 16: PATRICK NAGEL ARTIST PROOF SERIGRAPH, JOAN COLLINS.>1982, Acrylic on canvas mounted on Masonite, 121.3cm×101.9cm, Mirage Editions, Santa Monica; private collection

시대의 상징: 빅 헤어

1980년대는 강렬한 자아표현의 시대였다. 여성들은 과감하게 부풀린 스타일의 '빅 헤어'로 존재감을 드러냈고 이는 자신감과 독립성을 상징했다. 롤, 펌, 스프레이로 볼륨을 극대화한 이 헤어는 디스코와 록 문화의 영향 속에 유행했으며, 마돈나 같은 팝스타들이 트렌드를 이끌며 시대정신을 대표했다

<Lot 16: PATRICK NAGEL ARTIST PROOF SERIGRAPH, JOAN COLLINS.1982, recreated through AI> 2025, Image-generating AI

Hair wasn't just big, it was loud

A
CHANEL
B
C

당신이 주인공이에요

도시 한복판을 가르며 출근하는 여성은 더 이상 조연이 아니었다. 여피 *yuppie*라 불린 그들은 어깨 패드와 볼륨감 있는 헤어로 성공의 이미지를 입고 백화점 쇼윈도 앞을 당당히 걷는다. 광고 속 목소리도 속삭인다, "당신이 주인공이에요".

Ⓐ 나이애나 왕세자비의 대표적인 헤어스타일로 짧고 풍성한 레이어드 커드로 우아하면서도 활동적인 이미지를 완성했다. 앞머리와 옆머리를 자연스럽게 넘기거나 볼륨을 살려 세련된 분위기를 강조했다.

Ⓑ 빅 티즈 헤어 *Big Teased Hair*는 최대한의 볼륨을 내기 위해 머리 뿌리를 백콤 *backcomb*하거나 티징 *teasing*한 뒤, 헤어스프레이를 듬뿍 뿌려 고정했다. 이를 통해 더 극적인 볼륨과 풍부한 텍스처를 구현하고자 했다.

Ⓒ 당시 파마머리는 풍성한 볼륨과 컬로 화려함과 개성을 강조했다. 헤어스프레이와 무스로 머리숱을 부풀리고 롤러와 파마약으로 웨이브를 연출해 강렬한 이미지를 완성했다. 미용실 대중화와 함께 파마머리는 사회 전반으로 퍼지며 시대를 대표하는 스타일로 자리 잡았다.

Ⓓ 핫 롤러로 컬을 완성한 후 브러시로 자연스럽게 풀어준다. 이 과정은 볼륨과 부드러움을 만드는 데 중요하다.

A
B
C

거리는 음악이었고 머리는 리듬이었다

TV에선 마돈나가 망사 장갑을 끼고 춤을 추고, 라디오에서는 신디 로퍼의 목소리가 울려 퍼졌다. 네온사인이 쉴 새 없이 반짝이던 밤거리. 붉은 립스틱, 어깨를 부풀린 자켓, 골목길 패션샵 진열대에는 번쩍이는 헤어 액세서리들이 가득했다. 친구들은 누가 더 높이 더 풍성하게 올렸는지를 두고 진지하게 토론한다. 소녀들은 처음으로 엄마의 손을 떠나 자신만의 미용실을 찾았고, 거리의 여성들은 모두 각자의 방식으로 주인공이 되었다.

A 일반적으로 남성 스타일로 알려져 있지만 여성들도 앞머리는 짧고 뒷머리는 긴 멀릿 *mullet* 스타일을 즐겼다.

B 염색한 붉은 머리와 짧은 웨이브는 당시 소녀 이미지를 대표하며 발랄하고 개성 있는 분위기로 큰 인기를 끌었다.

C 인공 드레드락 *dreadlocks*은 자연스럽게 꼬아서 고정한 헤어스타일이다. 아프리카, 인도, 자메이카 등 여러 문화에서 시작되었다. 이 스타일은 자기표현을 넘어 정체성, 자유와 저항, 영적 성장, 신성함 등의 상징이기도 하다. 자연적인 드레드락은 시간이 많이 들고 과정이 어려워 다양한 인공 재료를 사용해 빠르고 쉽게 드레드락을 연출한다. 기존 머리카락에 드레드락 모양의 인공 머리카락을 더한 것이 드레드락 익스텐션이다.

D 크림프 헤어 *crimped hair*는 극적인 지그재그 텍스처를 위해 크림핑 아이언(주름 고데기)으로 머리 전체에 구김을 만든다.

F 짧고 남성적인 크롭 헤어는 '파워우먼'의 이미지를 상징했다. 과장 없는 미니멀한 미학으로 강한 존재감을 드러내고 현대적이며 당당한 스타일을 보여주었다.

1990

1999

The Digital Awakening

1990년대 (1990-1999)

냉전 종식과 디지털 혁명

냉전이 막을 내리고 자유주의, 세계화, 대중문화가 전면에 부상한 시대였다. 경제는 안정세를 보였고 인터넷과 디지털 기술의 발전은 세상을 빠르게 연결했다. MTV의 뮤직비디오는 전 세계로 확산되었고 스타는 더 이상 화면 속에만 머무르지 않았다. 정치, 문화, 소비, 스타일이 복잡하게 얽히며 사람들은 이전보다 더 강하게 '진짜 나'를 표현하기 시작했다.

여성의 사회적 지위도 뚜렷하게 달라졌다. 더 많은 여성이 대학을 졸업하고 전문 직종에 진출했으며 미디어, 예술, 정치 전반에서 존재감을 드러냈다. '슈퍼우먼'이라는 말이 유행처럼 퍼졌고 여성은 일과 가정 그리고 자아실현까지 모두 주체적으로 해내길 원했다.

이러한 변화는 외모, 특히 헤어스타일에서 가장 먼저 드러났다. 사회는 '지적이고 자신감 있는 여성'을 요구했고 여성 또한 스스로 그 이미지를 만들어갔다. 제니퍼 애니스톤의 헤어스타일은 도시적이고 세련된 여성을 상징했고, 샤론 스톤의 깔끔한 쇼트 커트는 유능하고 독립적인 여성의 얼굴이 되었다. 한편, 펑크와 그런지 문화에 영향을 받은 여성들은 탈색, 삐뚤어진 커트, 흐트러진 질감의 헤어로 자유롭고 저항적인 정체성을 표현했다. 여성의 헤어스타일은 "나는 누구인가"를 보여주는 언어이자 태도였다.

Minimal lines, maximal selves…
a mirror at identity's edge

미술과 예술양식

패러디, 혼성, 유희… 예술을 해체하고 다시 세우다

1990년대 미술은 세계가 빠르게 연결되고 경계가 허물어지는 시대의 감정을 고스란히 담아냈다. 냉전이 끝나고 이념 대립이 사라지자 예술은 정치적 선동의 수단에서 벗어나 개인의 정체성과 일상의 경험을 탐색하는 도구로 변모했다. 디지털 기술과 인터넷의 발전은 예술의 매체와 방식을 확장시켰고 예술의 무대는 거리, 갤러리, 웹 공간으로 넓어졌다.

포스트모더니즘은 여전히 예술의 핵심 흐름이었으며 작가들은 장르와 전통적 권위에 질문을 던졌다. 패러디, 혼성, 해체, 유희는 90년대 예술의 핵심 언어가 되었고, 작품은 하나의 '정답'을 말하기보다 관객의 해석을 기다리는 열린 구조로 바뀌었다. 한편 포스트모더니즘의 혼란 속에서 정적이고 명료한 중심을 잡으려는 시도로 미니멀리즘이 삶의 태도이자 감각적 기준으로 확산되었다. 또한 영상매체, 설치미술, 신체를 활용한 퍼포먼스, 여성주의 미술도 활발히 전개되었다. 예술은 박제된 물건이 아니라 움직이고 말하며 관객과 상호작용하는 생생한 존재로 거듭났다.

예술은 끊임없이 묻는다. "예술은 어디까지일 수 있는가?" 그리고 그 질문 자체가 예술이 되었다.

알렉스 카츠 *Alex Katz* **「마리아2** *Maria 2*」(1992)

알렉스 카츠의 1990년대 작품 <마리아2>는 모델의 얼굴 윤곽을 자연스럽게 드러내는 단정하고 절제된 헤어스타일을 통해 당대의 미적 감각을 보여준다. 불필요한 요소를 배제한 단순한 표현은 이미지 과잉 사회 속에서 인물의 정체성과 감정을 강조하는 시각 언어로 작동한다. 카츠는 팝아트와 대중문화 사이에 예술적 다리를 놓았다.

<Maria 2>1992, Color etching and aquatint on paper, 43.4cm×55.3cm, courtesy of Krakow Witkin Gallery, Boston

시대의 상징: 스트레이트 헤어

과장된 스타일과 화려한 염색이 유행했던 이전 시대와 달리, 1990년대에는 간강하고 단정한 미가 부상했다. 자연스러운 색상과 정돈된 스트레이트 헤어는 실용적인 패션, 여성의 사회 진출 확대, 개성의 존중과 맞물려 세련되고 지적인 이미지로 받아들여졌다. 꾸밈을 덜어내며 '있는 그대로의 나'를 드러내는 이 스타일은 미감과 자유를 동시에 상징했다.

<Maria 2, recreated through AI> 2025, Image-generating AI

Simplicity framed the self

A

도시의 선 미니멀리즘

냉전이 끝나고 자유와 효율의 시대가 왔다. 여성은 바쁜 도시의 리듬에 맞춰 스스로를 정제하기 시작했다. 번잡함 대신 절제된 아름다움을 선택했다. 매끈한 레이어드 커트와 단정한 단발은 지적인 도시 여성의 새로운 언어였다.

A 층을 낸 레이어드 커트로 쇄골 길이의 머리에 얼굴을 감싸는 앞머리가 특징이다. 1995년 <프렌즈 시즌1>에서 제니퍼 애니스톤이 처음 선보인 후 큰 인기를 끌며 레이첼 커트로 불렸다.

B 90년대 블로아웃이다. 풍성한 볼륨, 부드러운 웨이브, 글래머러스한 이미지가 특징이다. 신디 크로퍼드 *Cindy Crawford*와 클라우디아 시퍼 *Claudia Schiffer* 같은 슈퍼모델이 이 스타일을 선보이면서 대중문화 전반에 빠르게 퍼져나갔다.

D

Ⓒ 층을 내지 않고 일자로 턱선 위·아래에서 떨어지는 길이로 커트한 블런트 보브 *blunt bob*다. 끝이 직선으로 떨어져 전체적으로 깔끔하고 정돈된 인상을 준다.

Ⓓ 높게 올려 묶은 포니테일 *ponytail* 스타일

Ⓔ 레이어드 커트한 긴 머리를 무심히 틀어 올린 업스타일로, 꾸미지 않은 듯한 멋으로 당시의 미니멀하고 세련된 분위기를 반영했다.

나는 누구인가 머리로 말하다

MTV, 인터넷 그리고 거리의 감각은 '나'의 시대를 열었다. 여성은 이제 꾸밈이 아닌 정체성으로서 스타일을 꿈꾼다. 비대칭 커트, 탈색, 흐트러진 질감… 이 모든 것은 자유를 향한 작고 강한 선언이었다.

A 1990년대 '잇걸 *It girl*' 케이트 모스는 황금빛 긴 머리와 자연스러운 레이어드 스타일로 독보적인 아이코닉 룩을 완성했다. 그녀가 풍기는 몽환적인 분위기는 밀레니엄을 앞둔 시대의 기대와 불안을 담아내며, 세대를 초월한 매력으로 대중적 인기를 끌었다.

B 그런지 섀그 *grunge shag*는 짧은 섀기 커트에 대한 거부감에서 비롯된 스타일로, 손질하지 않은 듯한 레이어드가 특징이다. 지저분하면서도 자유로운 분위기를 담아내며 당시의 반문화적 감성을 표현했다.

C 여성 팝스타들은 스페이스 번 *space buns*으로 발랄함을 표현했다. 높게 묶은 양갈래 머리와 잔머리가 특징이며, 스크런치·나비 클립으로 개성을 더했다. 자유롭고 톡톡 튀는 감성으로 무대와 뮤직비디오에서 아이코닉한 룩을 만들어내며, 그 시대를 대표하는 유행 스타일로 자리 잡았다.

D 밝고 윤기 나는 금발 스트레이트는 레이어 없이 일자로 떨어지는 단정한 실루엣과 자연스럽게 흩날리는 머릿결로 우아함을 더한다. 중간 가르마를 기본으로 하되 다른 한쪽에 캐주얼한 매력을 연출하기도 한다.

E 픽시 커트는 짧고 세련된 실루엣에 섬세한 짧은 앞머리(베이비 뱅 *baby bang*)을 더해 독특한 분위기를 자아낸다. 미니멀하면서도 강렬한 느낌을 주어 큰 인기를 끌었다.

C

A

E

2000

2009

The Era of Connection

2000년대 (2000-2009)

디지털의 확산과 세계화의 가속

세상은 빠르게 연결되기 시작했다. 인터넷이 본격적으로 대중화되고 디지털 카메라와 피처폰이 생활에 녹아들며 정보는 더 가까워지고 개인의 목소리는 확장되었다. 블로그는 자기만의 '미니 세상'을 만드는 공간이 되었고 사람들은 글과 사진, 음악으로 자신을 꾸몄다. 사람들은 이제 수동적 소비자가 아닌 적극적인 스타일 생산자가 되었다.

여성은 기존의 아름다움의 틀을 조금씩 벗어나기 시작했다. 여전히 '여성다움'에 대한 질문은 존재했지만 이제는 '타인이 예쁘다고 말하는 나'가 아닌 '내가 스스로 선택한 나'로 움직였다. 광고 속 스타의 헤어스타일은 곧바로 유행이 되었고 패션 잡지와 TV 예능은 스타일 교과서로 활용되었다. 하지만 중요한 건 이제 그 유행을 해석하고 표현하는 주체가 여성 자신이라는 점이다.

레이어드 커트, 스트레이트 헤어, 밝은 갈색 염색은 실용성과 세련미를 모두 만족시켰고 이를 통해 여성들은 일과 일상, 사랑과 자기표현을 자유롭게 오갔다. '연결', '표현', '개인의 영역 확장' 시대의 중심에는 디지털을 이해하고 스타일로 말하기 시작한 여성들이 있었다. 이들은 온라인과 오프라인을 넘나들며 자신만의 존재 방식을 구축해갔다.

Blogs, layers, and digital dreams

미술과 예술양식

디지털 아트, 가상이 예술을 재구성하다

디지털 기술이 예술의 언어와 방식을 본격적으로 바꾸기 시작한 시기였다. 인터넷, 이메일, 디지털 카메라, 블로그는 작가들에게 새로운 소통의 수단이 되었고 포토샵, 일러스트레이터 등 디지털 툴이 보급되면서 디지털 아트와 미디어 아트는 하나의 주요 장르로 자리 잡았다.

그래피티와 거리 예술도 미술관에 전시될 정도로 제도권 안에 들어왔으며, 포스트모더니즘의 다양성과 혼성성을 기반으로 대중문화와의 경계를 허물었다. 예술은 소수 엘리트의 전유물이 아니라 누구나 참여하고 향유할 수 있는 '열린 플랫폼'으로 변화하였다.

특히 관객의 참여와 공동 창작을 유도하는 작업들이 활발해졌다. 일상적인 접촉과 사회적 관계를 예술의 주제로 삼아 공동체성을 회복하려는 흐름이 강했으며 파편화된 개인을 잇는 예술적 연결망이 형성되기도 했다.

줄리안 오피 *Julian Opie* **「에스터, 로티, 한나, 지니** *Esther, Lottie, Hannah and Ginny*」(2006)

줄리안 오피는 간결한 선과 면을 통해 인물의 특징을 포착하며 미적 감각을 담아내고 있다. 작품 속 인물들의 헤어스타일을 살펴보면 왼쪽부터 차례로 에스터는 보통 긴 머리나 미디엄 길이의 스트레이트 헤어스타일, 로티는 레이어드 스타일, 한나는 내추럴 웨이브, 지니는 단발 커트 스타일이다. 이들은 2000년대 초반 여성 헤어 트렌드를 압축적으로 보여준다. 대체로 건강하게 관리된 모발에 섬세하고 자연스럽게 정돈한 스타일이다.

Esther, Lottie, Hannah and Ginny, 2006. © Julian Opie-SACK, Seoul, 2025

시대의 상징: 슬림 스타일, 레이어드 스타일, 내추럴 웨이브 스타일, 내추럴 보브 커트 스타일

슬림 스타일 스트레이트 헤어를 더 슬림하게 다듬어서 차분하고 단정한 인상을 준다. 직장 여성이 전문적이고 신뢰감 있는 이미지를 구축하는 데 적합한 스타일이다.

레이어드 스타일 머리를 자연스럽게 풀어놓거나 가벼운 레이어드를 넣어 커트만으로도 풍성한 느낌을 주었다. 여성들은 긴 머리를 유지하면서도 실용적이고 관리하기 편한 스타일을 추구했으며 자연스러운 볼륨감을 선호했다.

내추럴 웨이브 스타일 자연스럽고 세련된 편안한 분위기의 스타일로, 고급스러우면서도 인위적이지 않은 자연스러운 볼륨을 강조해 부드러운 여성미를 추구했다.

내추럴 보브 커트 스타일 직선 단발이 아닌 부드러운 레이어드와 웨이브가 가미된 단발이다. 쇼트 커트나 보브 커트는 바쁜 현대 여성에게 깔끔한 분위기와 손질 편의성 덕분에 널리 사랑받았다.

<Esther, Lottie, Hannah and Ginny, recreated through AI> 2025, Image-generating AI

Pixels, pigtails, and pink rebellion

A

B

나만의 미니 룸, 나만의 스타일

디지털 카메라의 감성 속에서 여성은 자기만의 '미니 세상'을 꾸몄다. 방도, 글도, 음악도 그리고 머리카락 한 올까지도. 일상의 기록은 곧 스타일이 되었고, 가벼운 레이어드 커트와 스트레이트 헤어는 스스로를 보여주는 프레임이었다. 화면 속 나를 연출하며 스스로를 표현하고 연결하기 시작했다.

A 제니퍼 애니스톤이 선보인 레이첼 커트는 계속 인기를 끌었다. 이 긴 레이어드 커트 머리는 드라이로 자연스럽게 혹은 아이언으로 스트레이트하게 연출할 수 있다. 손질이 쉽고 누구에게나 잘 어울려, 1990년대부터 2000년대에 걸쳐 큰 사랑을 받은 대표 헤어스타일이었다.

B 매끈하고 단정한 스트레이트 단발머리다. 플랫 아이언의 등장으로 손질이 쉬워졌다

C 돌리 번 *dolly bun*은 머리를 정수리나 뒤쪽에 동그랗게 말아 올려 묶는다. 단정하면서도 사랑스러운 분위기를 만드는 클래식한 업스타일이다.

D 얼굴을 감싸는 레이어드 커트와 짧은 앞머리는 부드럽고 세련된 이미지를 만든다. 긴 머리를 자연스럽게 흐르게 하면서 앞머리를 더한 반업 스타일은 캐주얼하면서도 단정해, 실용적으로 활용되는 스타일이다.

A
B
C

광고 속 그녀가 아닌, 해석하는 나

TV 속 스타의 머리 모양은 유행이 되었지만 더 이상 그대로 따라 하진 않았다. 여성은 잡지와 방송을 참고하되, 나만의 방식으로 재해석하며 스타일을 만들어갔다. 실용성과 세련됨 사이, 사랑과 일 사이, 그 균형을 헤어스타일로 표현하던 시기. 여성들은 화면 밖에서 자기 주체를 찾기 시작했다.

A 비치 웨이브 *beachy waves* 청키 블리치 *chunky bleach*. 자연스럽고 텍스처가 살아 있는 물결 모양의 웨이브 헤어로 보기엔 손쉽게 연출한 듯하지만 실제로는 많은 노력이 든다. 편안하면서도 화려한 2000년대 초반의 감성을 담아냈다.

B 파스텔 컬러 *pastel colors* 헤어는 부드러운 색조로 몽환적인 분위기를 더한다. 라벤더, 민트 그린, 베이비 핑크 같은 색상을 활용해 전통적인 헤어 컬러에 장난기 넘치는 반전을 더했다.

C 플래티넘 블론드(백금발) 헤어는 강한 대비 컬러와 어우러져 대담하고 장난기 있는 개성을 드러낸다. 백금발의 미래적 감각과 어두운 스트릭은 Y2K 시대의 실험적이고 반항적인 정서를 반영한다.

D 앞쪽은 길고 뒤쪽은 짧은 비대칭 보브 커트가 유행했다. 강렬하고 도시적인 분위기를 자아낸다. 빅토리아 베컴 *Victoria Beckham*의 '포쉬 보브 *posh bob*'로 불리며 2000년대 대표 스타일 중 하나이다

D

2010

2019

The Age of Self-Design

2010년대 (2010-2019)

다문화 사회와 디지털 네이티브

스마트폰의 대중화와 SNS의 확산은 개인의 삶을 실시간으로 기록하고 공유하는 시대를 열었다. 인스타그램, 유튜브, 페이스북 같은 플랫폼은 단순한 정보 공유의 장을 넘어 자신을 연출하고 설계하는 무대가 되었다.

문화 소비는 공공 중심에서 개인 취향 중심으로 바뀌었고, 누구나 취향 있는 개인으로 존재하길 원했다.

변화는 여성 문화에도 뚜렷하게 나타났다. 더 이상 타인이 말하는 '예쁜 스타일'을 따라 하기보다는 '나에게 어울리는 것'을 찾는 것이 중요해졌다. 꾸안꾸(꾸민 듯 안 꾸민 듯)라는 개념은 이 시대의 정서를 잘 표현한 말이기도 하다.

여성은 실용성, 감성, 자기표현의 균형 위에서 스타일을 만들었고 이는 헤어스타일에도 그대로 나타났다. 자연스러운 C컬 단발, 내추럴 레이어드 커트, 톤다운 컬러, 부스스한 질감 등은 감각적이면서도 일상적인 삶과 잘 어울리는 선택이었다. 사회는 여성을 더욱 능동적 존재로 받아들이기 시작했고 일과 가정, 자기 삶을 병행하는 여성의 현실이 문화 전반에 녹아들었다. 여성의 '보여짐'은 더 이상 정해진 기준이 아니라 각자의 삶의 태도와 감정에 맞춰 조율되는 유동적인 것이 되었다. 여성이 자기만의 리듬을 찾아가는 감각의 시대였다.

Scroll, share, and style the self

미술과 예술양식

인터렉티브 아트, 참여와 경험 자체가 창작이다

스마트폰과 SNS의 확산은 예술의 생산과 소비 방식을 완전히 바꾸어 놓았다. 누구나 생산자이자 관객이 될 수 있는 시대가 열렸고 인스타그램, 유튜브, 트위터 등은 예술의 유통 방식뿐 아니라 작품 자체의 형식과 주제에까지 영향을 끼쳤다.

해시태그와 이미지 기반의 빠른 소통은 새로운 형태의 시각 언어 공동체를 만들었고, 작가는 더 이상 고립된 존재가 아닌 관계 속에서 확장되는 존재로 자리매김했다. 인간과 공간, 시간과 기억을 연결하며 감정적 공명을 유도하는 예술, 즉 경험 중심의 예술이 주류가 되었다. 예술은 이제 감상에서 '체험'으로 이동한 것이다.

한편 정치적·사회적 이슈에 민감하게 반응하는 예술도 등장했다. 페미니즘, 이민, 환경, 소수자 권리 등 다양한 이슈에 대해 작가들은 자기 목소리를 내는 동시에 연대의 목소리로 확장하고자 했다.

에이미 셰럴드 *Amy Sherald* **「퍼스트레이디 미셸 오바마** *First Lady Michelle Obama*」(2018)

이 작품에서 미셸 오바마는 절제된 포즈와 대담한 드레스를 통해 힘 있고 세련된 이미지를 전달한다. 헤어스타일은 어깨를 살짝 넘는 중간 길이의 머리를 묶거나 올리지 않고 자연스럽게 풀어내려, 어깨와 팔을 덮을 만큼 흘러내린다. 적당한 볼륨과 부드러운 웨이브가 단정하면서도 우아한 분위기를 자아내며 자연스러움을 드러낸다.

<First Lady Michelle Obama (or Michelle LaVaughn Robinson Obama)>2018, Oil on linen, 183.2cm×152.7cm

"Michelle LaVaughn Robinson Obama" by Amy Sherald, 2018, oil on linen. National Portrait Gallery, Smithsonian Institution. The National Portrait Gallery is grateful to the generous donors who made these commissions possible and proudly recognizes them at: npg.si.edu/obamaportraitstour

시대의 상징:
미디엄 레이어드 웨이브 스타일

어깨를 살짝 넘는 중간 길이의 레이어드 커트는 활동성과 여성스러움을 동시에 담아낸다. 자연스러운 볼륨으로 움직임을 살리며 굵고 느슨한 웨이브는 꾸민 듯 안 꾸민 듯한 자연스러움을 강조하면서 세심한 디자인 감각을 보여준다. 과도한 장식 대신 심플하고 편안한 웨이브가 무심한 듯 세련된 분위기를 완성한다.

<First Lady Michelle Obama , recreated through AI> 2025, Image-generating AI

Perfect angle, perfect filter,
and the perfect hair to match

A

B

거울보다 스마트폰, 셀피의 시대

SNS는 기록이 아닌 자아 연출의 무대가 되었다. 여성은 카메라 앞에서 '가장 나다운 나'를 고민했고, 이는 자연스럽고 실용적인 헤어스타일로 이어졌다. 톤다운된 컬러, 은은한 웨이브, 꾸안꾸(꾸민 듯 안 꾸민 듯) 무드는 일상에서 빛났다.

Ⓐ 긴 자연스러운 웨이브 *long & easy waves*는 힘을 들이지 않은 듯한 편안함이 특징으로, 2010년대 대표 드렌드다. 부드럽고 흐르는 듯한 미릿결을 강조해 자연스러운 매력을 살리는 스타일이다.

Ⓑ 매끈한 생머리 블로 드라이는 머리를 말리면서 부드럽고 윤기 나게 마무리하는 스타일로, 고급스럽고 세련된 인상을 준다.

Ⓒ 보브 커트는 다양한 형태로 유행했다. 부드러운 인컬 스타일부터 날렵한 형태까지 다양하게 나타났다.

Ⓓ 머리를 꼬거나 묶어 연출하는 스타일은 캐주얼하면서 예술적인 분위기를 준다. 땋은 모양을 다양하게 변형할 수 있으며, 머리 길이·질감·묶는 위치에 따라 개성을 표현할 수 있다.

Ⓔ 긴 머리를 뒤로 모아 자연스럽게 땋아 올린 낮은 번 업스타일로 단아하고 우아한 분위기를 자아낸다. 과한 스타일링 없이도 정제된 실루엣을 연출할 수 있어 웨딩헤어로도 손색이 없으며, 클래식한 아름다움과 실용성을 동시에 갖춘 스타일이다.

A

B

C

D

꾸밈의 재정의
나에게 어울리는 것이 기준

이제 '예쁘다'는 외부의 시선이 아니라 스스로 만족하는 것이 기준이다. 여성은 유행보다 자신에게 맞는 밸런스를 찾았다. 실용성과 감성, 나다움이 조화된 스타일은 레이어드 커트, 둔탁한 뱅 등 무심한 듯 정돈된 볼륨감으로 표현되었다.

Ⓐ 옴브레 *ombre*와 발레아주 *balayage*는 2010년대를 대표한 염색 트렌드로, 어두운 뿌리에서 밝은 끝으로 자연스럽게 이어지는 색감이 특징이다. 부드러운 그라데이션은 머리가 자라더라도 경계가 뚜렷하지 않아 손질이 쉽고, 꾸준히 세련된 아름다움을 유지할 수 있어 큰 인기를 얻었다.

Ⓑ 메가-메인 포니테일은 말의 갈기처럼 풍성하고 길게 묶은 스타일로, 강렬한 존재감을 드러내며 파워풀하고 글래머러스한 분위기를 연출하는 데 활용된다.

Ⓒ 실버·그레이 헤어는 차갑고 금속적인 컬러로 미래적이고 세련된 분위기를 연출하며, 기존의 자연스러운 헤어 컬러와는 다른 강렬한 개성을 표현한다.

Ⓓ 언더 커트는 옆머리나 뒷머리를 짧게 밀고 윗머리를 길게 남기는 스타일로, 단순한 디자인부터 복잡한 패턴까지 창의적인 표현이 가능하다. 전통적인 헤어에 강렬한 대비와 반전을 더해 즉각적인 존재감을 드러내는 스타일로 주목받았다.

Ⓔ 자연 곱슬머리를 그대로 살려 위로 빗어 올린 스타일은 풍성한 볼륨과 윤기를 자랑한다. 화학적 처리 없이 자연 텍스처로 아름다움을 표현하자는 '내추럴 헤어 운동 *Natural Hair Movement*'과 함께한다.

E

2020

Reflection and Diversity

2020년대 (2020-　　)

디지털 가속과 팬데믹 충격의 시대

2020년대는 전환의 시기이다. 코로나19 팬데믹은 일상 구조를 뿌리째 흔들었고 디지털 플랫폼은 사회와 개인의 거의 모든 상호작용을 담아낸다. 이 시대는 '정답'이 사라진 대신, "내가 누구인가?"를 묻고 정의한다. 기술은 빠르게 고도화되었지만 사람들의 관심은 오히려 가공되지 않은 진짜 나, 자연스러움, 그대로의 나를 수용하는 태도로 이동했다.

이 변화 속에서 여성문화는 새로운 지점을 만들었다. 탈코르셋 운동, 젠더 이분법에 대한 저항, 몸과 외모에 대한 새로운 인식은 여성에게 자기 몸과 스타일을 스스로 선택할 권리를 다시 일깨워주었다. 더 이상 꾸미지 않는 것도, 파격적으로 꾸미는 것도, 모두 개인의 자유로 받아들여지기 시작했다.

이러한 흐름은 헤어스타일에도 확연히 드러났다. 픽시 커트, 히피 펌, 언더 커트, 탈색과 비비드 컬러는 성별 경계를 넘어선 자기표현이 되었고 자연스러운 웨이브나 셀프 커트는 화장 없이도 자신을 드러내는 방식으로 주목받았다. 아름다움은 하나의 형태가 아닌 다양한 존재 방식으로 확장되었다

Beyond gender, beyond perfection

미술과 예술양식

NFT 아트와 AI 아트, 알고리즘 시대의 미학

팬데믹, 기후위기, 정치적 분열 등 전 지구적 위기를 맞이하며 예술의 역할과 정의 자체가 흔들렸다. 전시장 문은 닫혔지만 디지털 공간에서는 NFT 아트와 메타버스 전시가 폭발적으로 성장했다. 기존의 유통 경로를 뛰어넘는 새로운 예술의 생태계가 형성되었고 생성형 AI를 활용한 AI 아트는 하나의 독립된 장르로 자리 잡았다.

이 시대의 예술은 단지 기술에만 머물지 않았다. 돌봄, 회복, 공존의 감수성을 향해 나아갔다. '말하는' 예술이 아니라 '들으려는' 태도로 전환하며 사람과 사람 사이 공감의 언어를 찾으려는 시도가 이어졌다. 한편 유색인, 여성, 퀴어, 이주민 등 기존 주류에서 배제되었던 이들의 목소리는 예술의 형식과 제도 자체에 균열을 가하는 힘으로 작용했다. 그 틈 사이로 새로운 공동체적 감각이 자라났다.

2020년대의 예술은 여전히 불안한 질문들 속에 놓여 있지만, 그럼에도 불구하고 느슨하지만 따뜻한 연대로 사람들을 다시 연결하고 있다.

In a world of edits, she cuts her own story

팬데믹 속에서 발견한 변화

팬데믹은 우리의 삶을 바꾸어 놓았다. 마스크를 쓴 얼굴은 그 시절을 상징했고, 사람들로 북적이던 거리는 고요해졌다. 온라인 회의로 대체된 사무실은 가상의 세계 같았고, 동료들과 얼굴을 마주할 수 없는 점심시간은 외로웠다. 사람들을 만날 수 없다는 아쉬움 속에서 머리카락은 자연스럽게 길어졌다. 길어진 머리카락은 새로운 나를 찾는 첫 번째 시도였다. 자연스러운 컬이나 간단히 할 수 있는 업스타일은 일상 속 작은 승리가 되었고, 그 승리는 매일을 살아가는 힘이 되었다.

A

B

우리의 일상은 새롭게 계속된다

변화 속에서 여성은 더 이상 사회적 기준을 따르지 않고, 자신의 리듬과 감정에 충실한 스타일을 찾아나섰다. 자연스러운 컬과 자유로운 스타일은 여성의 새로운 이미지를 상징하며, 머리카락은 이제 '진정한 나'를 표현하는 도구로 계속해서 변모해 가고 있다.

A 커튼 뱅 *curtain bangs*은 얼굴을 자연스럽게 감싸는 앞머리와 층진 긴 머리가 조화를 이루어 세련된 분위기를 완성한다. 앞머리는 부드럽게 얼굴형을 보완하고, 레이어드 긴 머리는 가볍고 흐르는 듯한 실루엣을 만들어낸다.

B 포니테일이나 번 스타일을 할 때, 앞쪽에 몇 가닥을 자연스럽게 내리면 얼굴을 감싸는 느낌을 주는 등 다양한 이미지를 연출할 수 있다.

C 자가 격리와 변화의 시기, 셀프 염색 트렌드가 부상하고 네온 컬러는 자기표현의 수단으로 떠올랐다. 파스텔 유니콘 색상 대신 초록·주황·노랑 등 대담한 원색이 주목받았다.

D 브레이드 *braids* 스타일은 그야말로 한계가 없다. 멀티 브레이드 스타일부터 심플하고 클래식한 스타일까지 다양한 브레이드 스타일이 유행한다.

미술관 옆 미용실

Volume was protest Style was power

초판 발행 2025년 12월 15일

지은이 유성희
AI Creator 이상윤
펴낸이 박해진
펴낸곳 도서출판 학고재
등 록 2013년 6월 18일 제2023-000037호
주 소 서울시 영등포구 경인로 775, 에이스하이테크시티 2-804
전 화 02-745-1722(편집) 070-7404-2782(마케팅)
팩 스 02-3210-2775

전자우편 hakgojae@gmail.com
페이스북 www.facebook.com/hakgojae

ISBN 978-89-5625-477-7 (03600)

값 25,000원